인과모형의 설계 : 사회과학적 접근

Causal Modeling in the Social Sciences

인과모형의 설계:

Causal Modeling in the Social Sciences

김옹진

HUFS BOOKS

머리말

사회현상의 인과적 생성경로를 추적하는 사회과학연구를 포함하여, 모든 과학적 연구는 강력한 설명력과 예측력을 겸비한 분석모형 analytic model의 구축을 지향한다. 이 책은 경제학을 제외한 사회과학, 즉 정치학·행정학·사회학·문화인류학 등의 경험적 연구empirical studies에 있어서 분석모형을 설계하고 검증하는 기본절차를 소개하는데 목적을 두고 있다. 이러한 목적에 따라 비록 계량경제학적 배경을 갖추지는 않았으나 경험적 연구에 상당한 관심을 둔 학자, 대학원 학생과 학부 학생을 독자로 상정하여 원고를 작성했으며, 본문 가운데 소개한 계량통계기법 역시 간단한 선형회귀분석의 논리를 숙지한 사람이라면 누구든 이해할 수 있는 수준을 벗어나지 않도록 했다. 특히 정치학 분야에서는 지금까지 경험과학의 분석규준과 그 과학철학적 근거를 소개한 연구방법론 관계서적이 여러 권 출간되었으나, 정작 이들을 실제 조사분석에 적용하는 절차를 상세히 소개한 책은 매우 드물다. 저자는 연구방법론을 전공분야로 삼고 있는 정치학자로서 그러한 공백을 조금이라도 메우기 위해 이 책을 만들었다.

복잡한 수식과 모형도를 담고 있는 책을 제작하기 쉽지 않을 뿐만 아니라 잠재적 독자층 역시 제한되어 있음에도 불구하고 흔쾌히 출간을 맡아주신 한국외국어대학교출판부에 깊은 사의를 표한다. 책에

7들어있는 모든 모형도와 수식은 워드프로세서에 익숙지 못한 저자를 대신해 한국외국어대학교 정치외교학과 4학년 용성호군이 작성해 주었고, 권말에 첨부된 색인은 한국외국어대학교 정치외교학과 3학년 윤재민군이 만들어주었다. 저자를 돕느라 여름방학의 첫머리를 잃어버린 두 충실한 학생에게 고마운 마음을 전한다.

2011년 7월

이문동 캠퍼스 연구실에서

저 자

목 차

I

서론: 모형·이론·가설

1. 모형의 과학적 위상

모형model[1]은 현실세계의 모습을 추상적으로 재구성한 인식의 길잡이heuristic device로서(Asher 1976, 7-8) ①어떤 현상의 핵심적 구성인자, 곧 소수의 **작동변인**operating variables[2]과 ②그러한 변인들 간의 **관계경로**path로 이루어져 있다.

〈그림 1-1〉 모형의 예

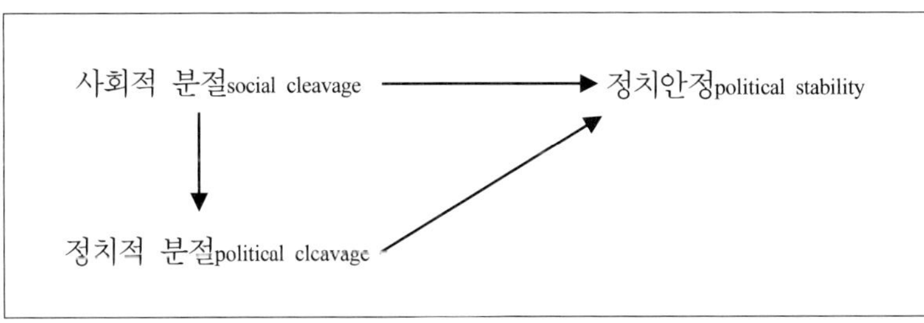

모형이 과학연구에 있어서 길잡이의 역할을 수행할 수 있는 이유는 투사透寫하려는 현상과 **상호조응성**isomorphism을 갖고 있기 때문이다(Brodbeck 1967, 579-580; Kaplan 1998, 263). 그러나 모형은 결코 현실세계의 완벽한 복제가 아니며, '단순하게 재구성된 현실simplified reality'이라고 볼 수 있다. 즉, 모형의 설계자는 특정한 **유리스틱**heuristic[3]에

[1] 혹은 분석모형(analytic model).

[2] 독립변인·간섭변인·종속변인 등 모형이 투사하려는 현상의 생성과정에 관여하는 주요 변인들로서, 모형설계자의 이론적·방법론적 시각과 판단에 따라 선정됨.

[3] "강력한 문제풀이 기제(a powerful problem-solving machinery)", 즉 특정한 연구 프로그램(research programme) 내에서 과학적 적실성과 정당성을 인정받고 있는 존재론적·인식론적 전제, 이론적 시각, 방법론적 규준과 절차를 총칭하는 용어로서 패러다임(paradigm) 또는 연구전통(research tradition)이라는 용어로

따라 실제 현상의 다양한 표출양상 가운데 가장 중요하다고 판단되는 것만을 선택해 그들 간의 관계양상을 설정한다. 예로서 경험과학 empirical science의 분석규준을 수용하고 있는 과학자들은 이론적 시각에 비추어 연구대상의 핵심적 국면을 선정한 다음, 그렇게 선정된 국면을 정량지표quantitative indicators로, 지표 간의 논리적 인과관계를 통계적 상관관계statistical correlation로 재구성한다. 이러한 모형설계과정에서 계량적 측정이 불가능한 국면은 당연히 배제된다. 요컨대 모형과 실제 현상의 상호조응성은 부분적이자 불완전한 것이며, 따라서 같은 현상에 대한 서로 다른 모형들이 병존할 수 있다. 블레이록(H. M. Blalock 1964, 15)에 따르면,

> ...[모형설계는] 제한된 수의 작동변인을 선택하는 것으로부터 시작된다. 어떤 작동변인을 모형에 포함시킬 것인가를 결정하기 위해서는 깊은 이론적 성찰이 선행되어야 한다. 그러나 일단 결정이 내려지면 선택된 변인들만을 갖고 모형을 만들어야 한다. 물론 빠뜨린 변인들로부터의 영향력을 처리하기 위해 교란항error terms을 포함시킬 수는 있다. 만약 모형이 부적절한 것으로 밝혀지면 새로운 변인을 추가하거나 다른 방식으로 모형을 수정해야 한다...다시 말해서 확정적 모형이란 있을 수 없고, 만약 [동일한 현상에 대한] 두 개의 모형이 서로 다른 구성변인들을 포함하고 있을 때 둘 중 하나가 틀렸다고 단언할 수도 없다...[4]

플라스틱 모형 비행기 조립세트에 들어 있는 수많은 부품은 실제

표현되기도 함. Lakatos(1986, 4-6). 유리스틱의 형성, 확산과 변동과정에 관해서는 김웅진(2009) 참조.

4 [ ] 속의 말은 독자의 이해를 돕기 위해 이 책의 저자가 추가한 것임.

비행기의 구성단위와 상호조응성을 갖는다. 따라서 부품을 서로 연결해 모형을 조립하면 비행기가 무엇으로 구성되어 있는지(날개·동체·엔진·프로펠러 등), 구성단위(부품) 사이에 어떤 관계가 형성되는지(날개와 동체, 엔진과 프로펠러의 관계 등), 그리고 그와 같은 구성단위로 이루어진 총체적 구조가 비행기의 움직임과 어떻게 연관되는지를 파악할 수 있다(김웅진·김지희 2005, 85-88). 그러나 실제 비행기의 모든 국면(날개와 동체의 연결부위에 박혀있는 작은 나사 등)이 빠짐없이 부품으로 만들어지는 것은 아니기 때문에 플라스틱 모형 비행기는 어디까지나 실제 비행기를 구조적 측면에서 단순화한 재구성체에 불과하다. 또 동일한 실제 비행기를 본떠 만든 서로 다른 모형이 있을 수 있고, 그들이 갖고 있는 부품이 모두 같지 않을 수도 있다. 플라스틱 모형 비행기는 또 다른 측면에서 실제 비행기와 불완전한 상호조응성을 갖는다. 모형 비행기는 날지 못한다. 즉, 모형 비행기와 실제 비행기는 비록 구조의 측면에서는 상당한 상호조응성(구조적 상호조응성 structural isomorphism)을 나타내지만, '비행'이라는 '기능'의 측면에서는 상호조응성(기능적 상호조응성functional isomorphism)을 완전히 상실한다.

사회과학모형은 대부분 구조적 상호조응성만을 지닌 불완전한 모형이다. 물리학, 공학과 같은 경성과학硬性科學[5]의 경우 선형가속기linear accelerator나 비행 시뮬레이터flight simulator처럼 실제 현상과의 구조적·기능적 상호조응성을 모두 확보한 모형을 만들어낼 수 있다. 그러나 사회제도와 질서 속에서 전개되는 인간과 인간, 집단과 집단의 상호

---

5 Hard science. 자연현상처럼 속성이 상대적으로 안정적인 현상을 대상으로 보편적 설명력과 예측력을 확보한 법칙을 도출하거나 적용하는 과학체계를 총칭하는 용어.

작용을 다루는 사회과학, 곧 연성과학軟性科學[6]에 있어서는 기능적 상호 조응성을 확보한 모형을 설계하기가 대단히 어렵다. 왜냐하면 ① 인간의 행위와 심리적 정향은 경성과학의 대상인 자연현상과 달리 끊임없이 변화하며(연구대상이 지닌 속성의 유동성에 따른 모형구성인자의 상대적 불안정성), ② 따라서 모형설계에 요구되는 구성인자의 엄격한 통제가 불가능하고, 더 나아가 ③ 인간과 인간성을 다룰 때 봉착하는 윤리적 장벽을 극복하기 어렵기 때문이다. 정치불안정 모형을 통해 '작은 규모의 정치불안정'을 실제로 조성할 수 없을뿐더러, 전쟁모형을 통해 전쟁을 일으켜 볼 수도 없다.

2. 모형의 과학적 효용성

모형은 이론과 마찬가지로 연구대상의 설명과 예측을 위한 분석기제analytic device의 역할을 수행한다. 왜냐하면 모형(보다 정확히 특정한 이론으로부터 파생된 모형)의 구조는 과학적 설명과 예측의 논증구조에 맞추어 설계되기 때문이다.

연역법칙적 설명deductive-nomological explanation이든 귀납확률적 설명inductive-statistical explanation이든 과학적 설명은 설명대상(피설명항explanandum)이 인과적 진술의 형태를 지닌 설명전제(설명항explanan)의 논리적(필연적 혹은 확률적) 귀결이라는 논증구조를 취하고 있다.[7] 구성인자 간의

[6] Soft science. 사회현상과 같이 속성이 상대적으로 불안정하거나 가변적인 현상의 생성경로를 잠정적으로 서술, 설명하고 예측하려는 과학체계.

[7] 연역법칙적 설명은 단정적·확정적 설명항을 전제로 삼고 있음에 반해 귀납확률적 설명은 확률적·개연적 설명항을 상정하고 있다. 따라서 귀납확률적 설명

인과관계구조를 진술하고 있는 모형은 이러한 설명과정에서 전제로 상정된다(아래 〈그림 1-2〉 참조).

〈그림 1-2〉 모형(이론)의 설명력

▷ 피설명항(구체적 사건): Y′ [Y의 사례]

▷ 설명항(모형 또는 이론): X → Y [Y의 생성경로에 관한 인과형 진술]
under C_1, C_2, C_3 [위 진술의 성립선행조건]

▶ 설명의 논증구조: • X → Y under C_1, C_2, C_3

⬇

• Y′는 C_1', C_2', C_3' 하에서 표출

⬇

• 따라서 [필연적 혹은 확률적으로] X′ → Y′

모형은 예측에 있어서도 같은 효용성을 갖는다. 설명이 이미 발생한 사건을 전제에 연역적으로 귀속시키는 작업deductive subsumption임에 반해 예측이란 주어진 전제에 따라 아직 발생하지 않은 현상을 기대하는 작업이라 할 때, 설명과 예측 모두 전제, 즉 모형이나 이론을 필요로 한다는 측면에서 본질적으로 동일한 작업이다. 따라서 '좋은 모형'은 곧 강한 설명력과 예측력을 지닌 모형이며, '좋은 이론'은 좋은 모형이 그로부터 파생된 이론이라 말해도 무방하다.

모형은 또한 연구대상의 표출양상을 특정한 방식으로 인지하는 구도, 즉 연구대상에 관한 경험적 인식의 내용(경험적 자료)을 일반화하여 체계적으로 배열하는 서술기제descriptive device의 역할을 수행한다.

은 피설명항이 설명항의 귀결이 되지 않을 가능성을 열어놓고 있다. 김웅진·김지희(2005), 56-63; Hempel(1966), 47-69; Nagel(1979), 15-23 참조.

다시 말해서 모형은 개별현상이 표출하는 "이질성을 축소하여 동질적 카테고리에 귀속"시켜 이들 간의 관계질서를 일반적으로 서술하는 준거가 된다(Boynton 1982, 39-40). 그러나 광범위한 일반화를 지향하는 서술모형은 구성인자의 외연성(일반적 적용성)을 지나치게 강조함으로써 내포성(경험적 지칭성)을 훼손할 가능성이 매우 높다. 예컨대 1960년대~1970년대에 걸쳐 거대이론巨大理論[8]을 모색하던 구조·기능주의적structural-functionalist 정치학 연구의 소산인 체계분석모형systems analysis model은 정치체계의 구성인자로서 투입input, 전환conversion, 산출output, 환류feedback 등 4개 필수기능을 들고 있으나(Almond and Powell 1978) 이들은 모두 경험적 지칭성을 상실한 '빈 개념empty concept'에 불과하다. 따라서 투입(이익투입)이나 산출(정책산출)은 무엇이든 지칭할 수 있고, 따라서 아무 것도 지칭하지 않을 수 있다(〈그림 1-3〉).

〈그림 1-3〉 체계분석모형의 공허성

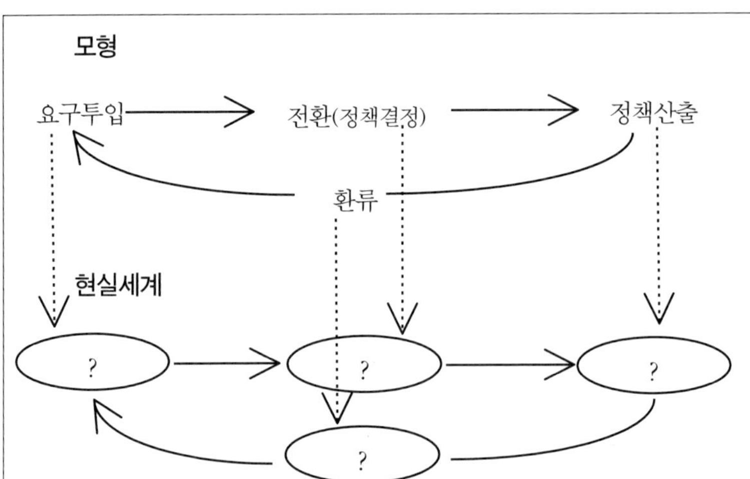

8 Grand theories. 또는 일반이론(general theories).

체계분석모형이 이처럼 공허한 구성인자를 상정한 것은 모형의 일반적 적용성을 확대하기 위해서였으나, 그렇게 함으로써 구체적 현실, 구체적 사례와의 상호조응성을 상실했다고 볼 수 있다. 이처럼 모형이 상호조응성을 잃게 되면 검증가능성이 떨어지고, 그렇다고 해서 **조작정의**operational definition[9]를 통해 구성인자의 경험적 지칭성을 높여 검증가능성을 확보하면 일반성이 축소된다.[10] 요컨대 상호조응성에 따른 검증가능성과 일반성은 반대쪽으로 달려가는 두 마리 토끼와 같아 한꺼번에 모두 잡을 수 없다.

지금까지 진행된 대부분의 사회과학연구는 고유한 현상을 일반모형general model에 "억지로 구겨 넣거나"(Kuhn 1970, 24), 모형의 외연적 포섭성을 높이기 위해 경험적 지칭성이 취약한 개념(모형구성인자)을 동원했다고 볼 수 있다. 모형이 명확하고도 강력한 서술력과 설명력, 그리고 예측력을 고루 확보하기 위해서는 구성인자의 외연성과 내포성이 균형을 이루어야 하고, 그렇게 하기 위해서는 완벽한 일반성, 광범위한 적용성의 환상을 타파해야 한다. 검증이 불가능한 일반모형, '넓은 모형'보다는 비록 적용범주는 제한된다 하더라도 강력한 설명력과 예측력을 갖춘 '좁은 모형'이 훨씬 좋은 모형이다.

---

9 추상적 개념을 실증적 측정지표들로 재구성하는 작업으로서, 이론적 정의(theoretical definition)를 통해 구축된 속성의 범주와 현실세계를 연결하려는 목적을 갖고 있다. 김웅진 · 김지희(2005), 121-129; Kaplan(1998), 39-42; Nachmias and Nachmias(1996), 30-31; McGaw and Watson(1976), 122-124 참조.

10 예컨대 체계분석모형이 하나의 구체적 사례 내지는 몇 개의 사례에서 전개되는 정치과정, 곧 "(사회적) 가치의 권위적 배분(authoritative allocation of resources)" 과정을 경험적으로 세밀하게 서술할 수 있도록 현실과의 상호조응성을 확보하면 적용범주는 그러한 사례에 제한됨에 따라 일반성을 상당 부분 잃게 된다.

3. 이론, 가설과 모형

이론theory, **가설**hypothesis과 모형은 모두 특정한 현상의 인과적 생성 경로를 추적하기 위한 분석기제[11]로서 구조와 내용에 있어서 근본적으로 동일하다. 그럼에도 불구하고 이론·가설·모형이라는 용어를 선택적으로 사용하는 것은 이들이 연구의 진행단계에 따라 나타내는 방법론적 성격의 차이 때문이다.

우선 이론과 가설의 차이는 전적으로 검증여부에 놓여있다. 즉 연구자의 선험적 기대a priori expectation[12]만을 담고 있는 진술을 가설이라 부르고, 검증을 통해 상당한 경험적 근거를 확보한 가설을 이론 또는 통칙generalization이라 칭한다.[13]. 한편 모형과 이론(가설)은 검증에 요구되는 방법론적 요건을 갖추었느냐에 따라 구분된다. 바꾸어 말해서, 모형은 경험적으로 검증될 수 있도록 조정된 이론이나 가설이라고 말할 수 있다. 모형을 설계하는 과정에서 이론(가설)의 구축단위인 추상적 **개념**concept[14]은 조작정의를 통해 경험적 지칭성을 확보한 **변인**variable[15]으로 재구성되고, 이론이 상정하고 있는 개념 간의 개략적

[11] 설명기제 혹은 예측기제.

[12] 이미 도출된 이론적 전제나 가정, 또는 직관에 근거한 기대.

[13] 귀납적 일반화를 통해 도출됨으로써 제한된 성립선행조건 하에서만 설명력과 예측력을 발휘하는 확률적·개연적 이론.

[14] 어떤 부류의 현상이나 사물이 지닌 보편적 속성을 표현하는 추상적 용어, 또는 관측이나 경험적 인식의 결과가 지닌 공통속성들을 요약하는 정보전달매체. 김웅진·김지희(2005), 117-121; Kaplan(1998), 47-48; McGaw and Watson(1976), 11-112 참조.

[15] 개념이 이론이나 분석모형 내에서 어떤 현상의 원인(독립변인 또는 설명변인), 결과(종속변인), 원인과 결과의 매개체(매개변인) 등 일정한 역할을 부여받을 때

연계는 보다 구체적인 형상configuration을 지닌 통계적 상관관계로 대체된다.

이처럼 이론과 가설을 합해 모형과 대비시키는 이유는 주로 귀납적 추론을 통해 이루어지는 비실험적nonexperimental 사회과학연구16에 있어서 검증여부만을 근거로 가설과 이론을 구분하기 어렵기 때문이다. 즉 귀납적 가설검증에 동원되는 사례의 범주와 영역이 지닌 불가피한 한계로 인해 '확증된 가설verified hypothesis'을 기대할 수도 없고, 가설의 성격을 완전히 탈피한 이론을 도출할 수도 없다. 요컨대 모형은 이론과 가설 어느 것을 기반으로 하든 만들어질 수 있으며, 따라서 항상 잠정적 성격을 갖는다고 보아야 한다. 이러한 맥락에서 모든 모형은 가설모형hypothetical model이라 말해도 무방하다(아래 〈그림 1-4〉 참조).

〈그림 1-4〉 이론(가설)과 모형

▷ 이론(가설): $C_1 \rightarrow C_2$

▶ 모형: $V_3 = a + b_1V_1 + b_2V_2 + e$

- C_1, C_2: 이론의 구성개념
- V_3: C_2의 측정지표(종속변인)
- V_1, V_2: C_1의 측정지표(독립변인)
- e: 교란항(오차항)

얻게 되는 명칭으로서, 개념이 지칭하고 있는 속성의 카테고리와 현실세계를 연결할 수 있는 경험적 측정지표의 형태를 취함.

16 사회과학연구는 연구대상(사회현상, 인간현상)의 본질적 속성으로 인해 실험의 방법론적 전제인 엄격한 통제, 즉 실험설계(experimental design)에 따른 변인과 조건의 임의적 조작이 불가능하다.

이 책은 위와 같은 시각과 입장에 따라 모형의 설계와 검증에 관련된 경험과학의 방법론적 규준methodological canons을 간략히 소개하는데 목적을 두고 있다. 이를 위해 우선 제II장에서 인과관계와 인과모형의 본질을 논의하고, 뒤이어 인과모형의 구조와 유형을 요약해 본 후(제III장), 모형을 설계함에 있어서 반드시 충족시켜야 할 방법론적 전제와 요건(제IV장), 구체적인 모형검증절차와 방식(제V장)을 순차적으로 살펴보기로 한다. 마지막으로 사회과학모형의 본연적 한계를 추적하고, 그러한 한계를 극복하기 위한 과학철학적·방법론적 대안을 제시함으로써 책을 마무리하기로 한다.

[주요 용어]

가 설 hypothesis	어떤 현상의 인과적 생성경로에 관한 기대형 진술.
개 념 concept	특정 부류의 현상이나 사물이 지닌 보편적 속성을 지칭하는 추상적 용어, 또는 관측이나 경험적 인식의 결과가 지닌 공통속성들을 요약하는 정보전달 매체.
관계경로 path	모형 내 작동변인 간에 형성되는 인과적 영향력의 행사경로.
모 형 model	현실세계의 모습을 추상화·단순화한 인식의 길잡이로서, 추상적 이론을 경험적으로 재구성한 과학적 설명과 예측의 기제.
변 인 variable	개념이 이론이나 분석모형 속에서 어떤 현상의 원인(독립변인 또는 설명변인), 결과(종속변인), 원인-결과의 매개체(매개변인) 등 일정한 기능을 부여받을 때 얻게 되는 명칭. 개념이 지칭하고 있는 속성의 카테고리와 현실세계를 연결할 수 있는 경험적 측정지표의 형태를 취함.
상호조응성 isomorphism	모형과 모형이 투사하려는 실제 현상 간의 구조적·기능적 일치성과 일대일 대응성(one-to-one correspondence).
설명항 explanan	과학적 설명의 연역적 논증과정에서 전제가 되는 이론이나 법칙.
유리스틱 heuristic	"강력한 문제풀이 기제(a powerful problem-solving machinery)", 즉 특정한 연구프로그램(research programme) 내에서 과학적 적실성과 정당성을 인정받고 있는 존재론적·인식론적 전제, 이론적 시각, 방법론적 규준과 절차를 포괄함.

이 론 theory	어떤 현상의 인과적 생성경로에 관한 추상적·개략적 진술과 그러한 진술이 성립되는 선행조건의 집합체.
조작정의 operational definition	추상적 개념을 경험적 측정지표(empirical indicator)로 재구성하는 작업. 이론적 정의(theoretical definition)를 통해 구축된 속성의 범주와 현실세계를 연결하려는 목적을 갖고 있음.
작동변인 operating variable	설명변인(독립변인·간섭변인)·종속변인 등 모형이 투사하려는 현상의 인과적 생성과정에 관여하는 주요 변인.
피설명항 explanandum	과학적 설명의 대상으로 상정된 구체적 현상이나 사건으로서, 설명항의 필연적 혹은 확률적 귀결.

II

인과관계와 인과모형

1. 인과관계의 의미

모형이 설명력과 예측력을 얻기 위해서는 앞서 논의한 바와 같이 인과형 진술causal statement의 형태를 취해야 한다. 그렇다면 인과관계란 어떤 관계이며, 인과성causality의 의미는 무엇인가?

인과관계는 본질적으로 논리적 관계logical relationship이다. 즉, 인과관계는 어떤 현상의 생성경로를 추적하기 위한 논리적 사유구도이며, 따라서 그 존재를 경험적으로 확증할 수 없는 **추상적 실재**abstract reality이다. 과학자들은 18세기 후반 이후[17] 오늘날에 이르기까지 약 140년에 걸쳐 실제 현상을 설명하고 예측하기 위한 논증구도의 일환으로 인과관계의 개념과 추론척도를 정련精鍊해 왔다.

물론 인과관계를 파악하는 분석시각은 유리스틱에 따라 달리 규정된다. 그러나 어떤 유리스틱을 채택하든 인과성은 '**생산**producing'의 성격을 지닌 것으로 받아들여진다. 즉, 원인이 '**기능**function'하여 결과를 생산하거나, 결과가 출현하도록 강제forcing한다고 본다(Bunge 1959, 46-48; Blalock 1964, 9).

[17] 보다 정확히는 밀(John S. Mill)이 *A System of Logic*(1872)을 통해 method of agreement, method of difference, joint method of agreement and difference, method of concomitant variation, method of residue 등 5개 유형의 인과추론 방식을 소개한 이후.

〈식 2-1〉 인과관계와 수리적 함수관계

▷ 인과관계: X → Y
- 함수방정식-1: Y = F(X)
- 함수방정식-2: Y = a + bX

〈식 2-1〉의 함수방정식-1과 함수방정식-2는 인과관계의 논리적 관념logical notion을 적절히 표현해 준다. 우선 X와 Y의 함수관계는 F, 즉 function의 약자로 지칭된다(함수방정식-1). 이는 X가 특정한 방식으로 기능하여 Y를 생산한다는 의미로서, 논리적 인과관계의 본질적 성격과 일치한다. 함수방정식-2는 이와 같이 '특정한 방식'을 구체화하고 있다. X의 한 단위 변화가 a 값과 b 값에 따라, 곧 주어진 기능적 규칙에 따라 Y 값을 만들어낸다고 규정하기 때문이다. 이처럼 X와 Y의 관계를 논리적으로 설정할 수 있을 때 X를 원인, 그리고 Y를 결과로 받아들여 양자 간의 관계에 인과성을 부여한다. 그렇다면 이 책이 기초하고 경험과학의 유리스틱은 인과성과 인과관계를 어떻게 바라보는가?

2. 인과관계에 대한 경험과학적 시각

(1) 관계단위의 상호독립성

경험과학적 유리스틱은 인과관계가 감각경험sensory experience을 통해 인지할 수 있는 상호독립적 단위들로 구성된다고 본다. 즉, 어떤 현상은 '그와 다른' 현상의 소산으로서, 이들은 일정한 기능적 연관성 이외에 어떠한 본질적 동질성도 공유하지 않는다고 본다(김웅진·김지희 2005, 73-75). 예로서 뉴턴 물리학Newtonian physics에 따르면 힘의 크기는 그와 명백히 구별되는 질량과 가속도의 곱의 크기에 따라 결정된다(아래 〈그림 2-1〉 참조). 또 함수방정식 Y = F(X)에서 원인을 X로, 결과를 Y로 달리 표기한 것은 이처럼 원인과 결과가 서로 구별될 수 있는 현상이라는 경험과학적 시각을 반영한 것이다.

〈그림 2-1〉 경험과학적 인과관계의 예

> ▷ M(질량) × A(가속도) = F(힘의 크기)
> ● M, A, F는 서로 다른 상호독립적 현상

이와 같은 경험과학적 시각은 모든 현상이 변화의 구조적 동인을 내포하고 있다는 실재론적 시각realist perspective과 명백히 구별된다.[18] 실재론자들은 '유리창이 돌에 맞아 깨졌다'고 보지 않는다. 즉, 이들은 돌이 날아와 부딪혀(경험적 현상) 유리창이 깨진(또 다른 경험적 현상) 이유는 유리창의 구성인자(예컨대 입자) 간의 상호관계가 일정 수준 이상의 충격을 받으면 끊어지는 본연적 속성inherent nature을 갖고 있기 때문이라고 주장한다. 돌에 맞아 유리창이 깨진 현상은 결코 감각경험으로 파악할 수 없는 유리창의 구조적 본질이 겉으로 드러난 외피appearance에 불과하다는 것이다. 실재론자들은 이러한 맥락에서 경험과학적 시각이 외피의 모습, 더 나아가 외피와 외피의 관계만을 다룬

[18] 경험과학적 시각과 실재론적 시각의 존재론적·인식론적·방법론적 차이는 Keat and Urry(1982), 9-42에 상세히 논의되어 있음.

다고 비판한다. 인과관계의 본질을 명확히 파악하기 위해서는 외피의 양상을 경험적으로 관측하는데 그치지 말고, 그러한 양상을 야기한 구조적 본질, 곧 감추어진 구조적 실재structural reality를 논리적으로 추론해내야 한다는 것이다(아래 〈그림 2-2〉 참조).

〈그림 2-2〉 실재론적 인과관계

▷ Y → Y′
• Y′: 외피(경험적 현상appearance)
• Y: 외피 아래 감추어진 구조적 실재structural reality

이러한 두 가지 상이한 유리스틱 가운데 어느 것이 더 수월한가를 판정할 수는 없다. 왜냐하면 서로 다른 유리스틱은 서로 다른 세계관world view, 서로 다른 존재론적·인식론적 전제를 견지하고 있으며, 전제는 검증의 대상이 아니라 선택적 수용의 대상이기 때문이다. 따라서 경쟁적 유리스틱들은 타당성과 적실성의 측면에서 비교될 수 없다(공약불가능성 명제thesis of incommensurability, Kuhn 1970, 111-135; Hoyningen-Huene 1993, 206-222). 어떤 과학적 시각을 받아들이느냐는 어디까지나 연구자의 고유한 세계관에 따른 선호와 선택에 달려있다.

(2) 인과질서의 규칙성과 안정성

엄격한 경험과학적 시각은 모든 현상이 안정적 인과질서stable causal order에 따라 생성된다고 본다. 즉, 모든 현상은 명백한 원인에 따라 나타나고, 원인과 결과 사이에 형성되는 인과질서는 규칙성과 재생성replicability을 갖는다는 것이다. 그러나 경험과학적 입장을 취하고 있는 대부분의 사회과학연구는 사회현상 간에 노정되는 인과질서의 규칙성을 단정적인deterministic 것이 아니라 유연한plastic 것으로 간주한다(Almond and Genco, 1970). 이러한 유연성은 네 가지 측면에서 노정된다.

① 어떤 사회현상이 생성되는 인과경로는 귀납적으로 추론된다. 즉, 특정한 유형의 인과경로를 공유하는 사례들을 추적하여 그러한 유형을 일반화함으로써 규칙성을 탐지한다. 그러나 귀납적 일반화를 통해 도출된 인과질서는 귀납사례의 범주를 벗어날 수 없기 때문에 적용범주에 있어서 제한적이자 조건적conditional 이다.

② 사회현상을 야기하는 모든 원인을 빠짐없이 탐색할 수는 없으며, 또 사회현상이 단 하나의 원인만으로 야기된다고 볼 수도 없다. 탐색된 원인은 필요충분조건이라기보다는 충분조건 또는 필요조건일 뿐이다(James, Mulaik, and Brett 1982, 16).

③ 인과추론의 세계와 실제 세계 사이에는 메워질 수 없는 본연적 간극inherent gap이 존재한다(Blalock 1964, 5). 논리적 척도에 따른 인과관계의 추론이 인과관계의 존재를 확증하는 것은 아니다. 또 어떤 현상을 불러일으킨 원인을 논리적으로 도출한다 하더라도 그러한 원인이 일정한 결과를 발생하도록 만드는 필연적 인과기제causing mechanism를 규명할 수는 없다. 즉 원인이 실제로 결과를 생산하는지, 더 나아가 왜 생산하는지를 경험적으로 확인하기란 불가능하다.

④ 인간이 지닌 행위정향, 가치정향과 심리정향은 결코 영속적이지 않기 때문에 인간의 상호작용으로 야기되는 사회현상 역시 가변적이며, 따라서 사회현상 사이의 인과관계는 유동성fluidity을 노정한다. 또 비록 어느 정도의 안정성을 나타낸다 해도 어디까지나 잠정적인 것일 뿐이다.

이러한 맥락에서 대부분의 경험과학적 사회과학연구는 도출된 인과관계를 일단의 가정과 선행조건이 충족되었을 경우에 한해 성립되는 개연적 관계로 받아들인다. 다시 말해서 사회과학적 인과관계는 수명이 그다지 길지 않은 경향tendency 또는 추세trend를 지칭한다.

3. 인과관계의 추론척도

경험과학연구에 있어서 인과관계의 논리적 추론과정에 적용되는 척도는 아래와 같은 세 가지로 구분된다.

(1) 시간적 순차

원인은 반드시 결과에 선행해야 한다(Asher 1976, 11; Davis 1985, 11-12; Hage and Meeker 1988, 13-16). 즉, 두 현상을 발생시점에 따라 순차적으로 배열할 수 있을 때 양자 간의 인과관계를 상정할 수 있다. 이러한 **시간적 순차**temporal sequences의 척도는 논리적으로 당연한 것이나, 실제로 적용하는 데에는 상당한 난관이 있다. 우선 사회현상은 시간적 출발점과 종국점이 명백히 규정될 수 없는 경우가 많을 뿐더러, 인과적으로 연결하려는 두 개의 현상이 같은 시간적 구간 t_i~t_n 내에서 동시에 전개되거나 순환적 영향을 주고받기도 한다(X_{ti} → Y_{ti+1} → X_{ti+2}). 예로서 경제성장과 정치안정 간의 인과관계를 추론하려 할 때 경제성장이 일정 시점에서 멈춘 후 어느 정도 시간이 흐른 후 정치 안정이 나타난다고 말하기 어렵다. 또 경제성장의 영향을 받아 조성된 정치안정이 추후 경제성장에 인과적 영향력을 행사한다고 볼 수도 있다. 따라서 "X가 얼어붙은 후 Y가 움직이기 시작하면 X를 원인으로, Y를 결과로 간주한다Run the arrow from X to Y if Y starts after X freezes"(Davis 1985, 11)는 시간적 순차의 논리를 액면 그대로 실제 현상에 적용하기란 불가능하다. 요컨대 앞서 지적한 논리적 추론의 세계 - 경험적 세계 간의 본연적 간극으로 인해 실제 인과추론과정에 있어서는 두 현상의 발생순차와 발생의 시간적 간격이 연구자의 이론적 · 방법론적 판단, 역사인식, 직관, 연구자료의 성격 등에 따라 임의적으로 설정될 수밖에 없다(아래 〈그림 2-3〉 참조).

〈그림 2-3〉 시간적 순차의 임의설정

$X_{[2001]}$ → $Y_{[2002]}$ $X_{[2002]}$ → $Y_{[2003]}$ $X_{[2003]}$ → $Y_{[2004]}$ . . . $X_{[2009]}$ → $Y_{[2010]}$	$X_{[2001]}$ → $Y_{[2002]}$ → $X_{[2003]}$…→ $Y_{[2010]}$

(2) 항상적 연계

인과관계의 추론에 적용되는 두 번째 척도는 **항상적 연계**constant conjunction이다(Asher 1976, 11; Hage and Meeker 1988, 8-10). 즉, 어떤 현상(원인)의 변화가 다른 현상(결과)의 규칙적 변화를 지속적으로 수반할 때(**부수변이**附隨變異, concomitant variation) 이들 사이의 인과관계를 추론할 수 있다.

〈그림 2-4〉 항상적 연계(부수변이)의 예

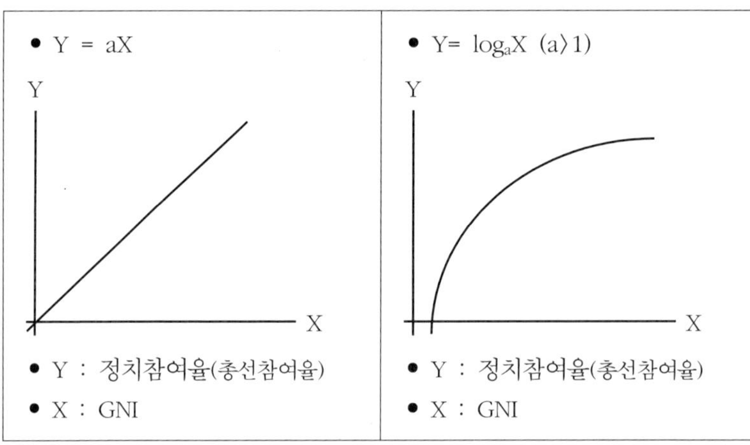

함수관계는 항상적 연계의 논리를 반영한다. 위 〈그림 2-4〉에 따르면 GNI(국민총소득gross national income)의 변화는 함수방정식의 a 값에 따라 규칙적으로 정치참여율(총선참여율)의 변화를 수반한다. 이러한 부수변이양상은 직선형linear일수도 있고(사례-1) 곡선형curvilinear일수도 있으나(사례-2), 어떤 양상을 취하든 GNI와 정치참여율 간의 인과관계를 시사한다.

논리적 척도로서의 항상적 연계는 실제 연구과정에 있어서 통계적 상관관계, 곧 원인(독립변인independent variable)-결과(종속변인dependent variable)의 규칙적 **공변**covariance이라는 경험적 척도로 대체된다. 이와 같은 공변양상이 적어도 연구의 시간적·공간적 선행조건 하에서 안정성과 지속성(항상성)을 나타낼 때 인과관계의 추론에 요구되는 경험적 기반을 확보할 수 있다. 그러나 통계적 상관관계를 근거로 인과관계의 존재를 단언해서는 안 된다. 통계적 상관관계는 경험적으로 관측된 현상들의 변이를 수리적(논리적)으로 연결시킬 수 있다는 점을 보여줄 뿐이며, 따라서 원인이 결과를 실제로 '생산'했다는 인과성의 본연적 의미와 합치되는 것은 아니기 때문이다.

> ...인과관계의 비대칭성asymmetry은 생산의 관념에서 비롯된다. [원인과 결과의] 시간적 순차 역시 비대칭성을 노정하지만, 그것과 인과관계를 혼동해서는 안 된다...[마찬가지로] X의 변화가 Y의 변화를 [실제로] 생산한다는 경험적 근거를 찾을 수는 없다. 우리가 관측할 수 있는 것은 X의 변화에 뒤이어 Y의 변화가 나타난다는 사실 뿐이다[19]...(Blalock 1964, 19, 173)

요컨대 상관관계는 인과관계의 필수조건일 따름이다. 상관관계가 있다 해서 인과관계가 존재한다고 단언할 수는 없지만, 상관관계가 없다면 인과관계의 추론이 애당초 불가능하다.

(3) 탈허위성

인과관계의 추론에 있어서 실제로 적용하기에 가장 까다로운 척도

[19] [ ] 속의 말은 독자의 이해를 돕기 위해 이 책의 저자가 추가한 것임.

는 **탈허위성**nonspuriousness, 곧 인과관계의 **내적 타당성**internal validity[20] 여부이다. 원인 X와 결과 Y의 공변양상이 여타 인자의 영향력으로부터 자유로울 때 비로소 인과관계(X→Y)의 내적 타당성(탈허위성)이 보장되며, 역으로 여타 인자의 영향력을 허용했을 때 붕괴된다면 탐색된 공변양상은 허위적인 것으로 판명된다(Asher 1976, 11-12; Hage and Meeker 1988, 21-25; Nachmias and Nachmias 1996, 104; McGaw and Watson 1976, 54).

탈허위성의 요건은 인과관계를 폐쇄할 수 있다는 비현실적 가정을 반영한다. 다시 말해서 X와 Y의 인과관계가 연구자가 상정하지 않은 외부인자의 영향으로부터 완벽하게 격리된 경우에 한해 탈허위성이 보장된다. 그러나 조건이 엄격하게 통제된 실험experiment의 논리를 액면 그대로 적용하기 어려운 사회과학연구에 있어서는 사회현상의 조성과정에 관여하는 모든 인자를 남김없이 추적할 수 없을뿐더러, 그 가운데 일부를 인과관계의 단위로 설정하고 나머지 인자의 영향력을 제어하기란 결코 쉽지 않다. 즉, 독립변인(원인)으로 선택된 인자가 실제로 독립변인의 역할을 수행하는지 확증할 수도 없고, 그러한 인자가 배제된 인자들에 비해 더욱 강력한 인과적 영향력을 행사한다고 단언할 수도 없다.

> ...단지 X 값을 조작하면 Y 값의 변화가 뒤따른다는 사실을 경험적으로 관측했다 해서 X가 Y를 초래했다고 말할 수는 없다. 바꾸

20 독립변인(원인)이 종속변인(결과)의 변이를 실제로 야기할 때 확보되는 인과형 진술의 타당성 내지는 그에 관한 과학적 신뢰의 수준(Lewis-Beck, Bryman, and Liao 2004, 502-503).

어 말해 무엇인가가 Y의 변화를 생산했다고 짐작할 수는 있지만, 그것이 바로 X라고 확신하기는 어렵다...(Blalock 1964, 22)

이에 따라 실제 연구과정에 있어서 탈허위성의 논리는 인과관계에 **교란항**disturbance terms을 포함시킴으로써 우회적으로 적용된다. 즉, 종속변인에 영향을 주지만 인과관계구조에 포함되지 않은 인자들의 존재를 인정하여 그들로부터의 영향력을 최소화하는 방식을 택한다. 예컨대 회귀분석모형regression model(회귀방정식)은 일단의 독립변인과 더불어 누락된 인자들을 포괄적으로 지칭하는 **오차항**error terms(교란항)을 포함하고 있으며, 종속변인에 대한 인과적 영향력(설명력)이 최대화될 수 있는 독립변인의 조합을 찾아냄으로써 오차항의 영향력을 최소화한다(아래 〈그림 2-5〉 참조).

〈그림 2-5〉 회귀방정식의 오차항과 허위성 축소

▷ $Y = a + bX_1 + bX_2 + \ldots bX_n + e$

▶ e : 오차항(정체가 규명되지 않은 외부인자의 집합체)

- $X_1, X_2 \ldots X_n$의 Y에 대한 영향력을 최대화

⬇

- e의 Y에 대한 영향력을 최소화

⬇

- 인과관계의 허위성 축소(탈허위성 확대)

물론 오차항의 영향력을 완전히 배제할 수는 없다. 왜냐하면 앞서

언급한 것처럼 어떤 현상을 야기하는 모든 인자들을 추적할 수 없기 때문이다. 따라서 인과관계의 탈허위성을 완벽하게 확보하기란 실질적으로 불가능하다. 탈허위성은 어디까지나 상대적 수준의 문제이며, 인과관계의 설정은 수많은 인자들이 끝없이 배열된 연계망의 일부를 잘라내어 잠정적으로 폐쇄하는 작업이라고 볼 수 있다(아래 〈그림 2-6〉 참조).

> ...진정한 [탈허위적인] 인과관계를 도출하기 위해서는 [인과적] 가설이 포함하고 있지 않은 모든 여타 설명변인을 제거해야만 한다. 그런데 어떤 근거에 따라 '특정변인을 제거하는 결정'을 내릴 수 있는가? 인과모형이 상정하고 있는 [작동]변인 간의 관계에 영향을 미칠 수 있는 인자는 무수히 많기 때문에 어떤 통계분석방법이나 지표들도 우리가 옳은 결정을 내렸다고 뒷받침해주지 못한다. 그러나 일정 시점에 이르게 되면 모형을 **폐쇄**하여 주어진 변인만을 갖고 인과관계를 추적해야 한다...(Asher 1976, 12)

〈그림 2-6〉 인과관계의 잠정적 폐쇄성

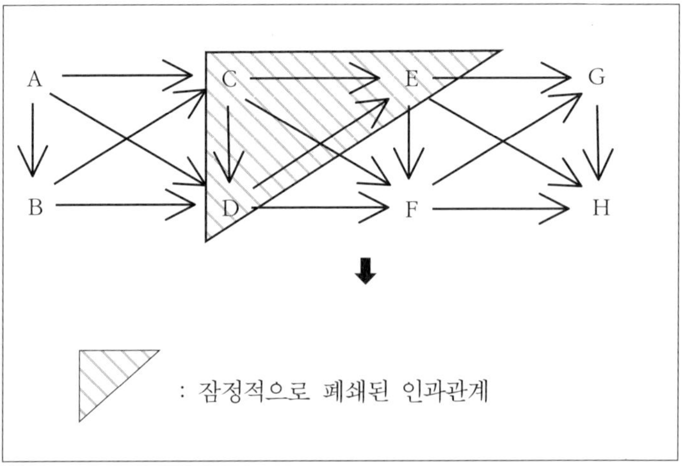

4. 인과모형

인과모형causal model은 연구대상으로 주어진 현상의 인과적 생성경로를 추적·재현한 설명(예측)기제로서, 인과관계의 논리적 성격에 상응하여 두 가지 유형의 작동변인[21], 곧 종속변인 및 종속변인의 변이를 초래하는 설명변인(독립변인, 매개변인)과 교란항으로 구성된다. 물론 인과모형이 상정하고 있는 작동변인 간의 관계는 앞서 논의한 바와 같이 일단의 단순화 가정simplifying assumption[22]에 입각해 잠정적·임의적으로 구성된다.

> ...모형은 실존세계 자체를 보여주는 것이 아니기 때문에, 그리고 상이한 대안적 모형들이 동일한 예측을 할 수 있기 때문에 어떤 모형도 확정될 수 없다. [따라서] 경험적 자료와 일치하지 않는 예측을 한 부적절한 모형을 버리거나 수정할 수 있을 따름이다...... 그렇기 때문에 모형을 구축할 때에는 모형에서 누락된 변인들로부터 야기되는 교란을 인정할 수밖에 없으며, 이러한 외부변인의 영향력을 통제하기 위한 [잠정적] 가정을 세워야 한다...(Blalock 1964, 173).

인과모형의 표현방식으로는 변인과 그들 간의 관계를 지칭하는 상징적 기호와 부호notations의 조합, 흐름도flow chart와 같은 도식圖式의 작성 등 다양한 정보전달매체와 방식이 있으나, 경험과학연구는 주로 수리모형mathematical model을 구축하는 방식을 택한다.[23] 즉, 각 변인의

---

[21] 서론의 각주 2) 참조.

[22] 주로 중첩변인의 영향력 제어에 관련된 방법론적 가정.

[23] 쉬판(Shipan 2004, 655)에 따르면 모형은 이론모형(theoretical model)과 경험적

변량을 경험적으로 정확히 측정하여 그들 간의 공변양상을 체계적·논리적으로 탐색하기 위해서는 수리모형이 가장 적합하다고 본다. 또 수리모형은 정량정보quantitative information가 보장해 주는 상호주관적(통주관적intersubjective)[24] 해석가능성으로 인해 설명력과 예측력 판정이 용이하다는 측면에서 그 적실성이 널리 인정되고 있다.[25] 그렇다면 인과모형이 상정하고 있는 설명변인의 정체는 무엇인가? 어떤 현상의 인과적 생성과정에 관여하는 변인들은 아래와 같은 네 가지 유형으로 구분될 수 있다(Blalock 1964, 22-23, 아래 〈그림 2-7〉 참조).

① 모형설계자가 이론적·방법론적 시각에 따라 종속변인의 변이에 가장 큰 인과적 영향력을 미치는 설명변인으로 선정한 변인
② 종속변인에 대한 잠재적 영향력을 갖고 있으나 모형설계시점에서는 변이양상을 나타내지 않는 변인(잠정적 설명변인)

모형(empirical model)으로 구분된다. 이 두 가지 모형은 모두 "현실세계를 추상화한 도식(an abstraction from reality)"이지만, 이론모형은 "실제 세계의 현상들이 어떻게 나타나는가에 관한 주장(argument)이나 이야기(story-telling)로서 그러한 현상들의 주요 구성인자들이나 생성기제(mechanism)를 규명할 수 있도록" 하며, 경험적 모형은 회귀분석모형과 같이 이론모형을 경험적·계량통계적으로 검증될 수 있도록 재구성한 모형이라고 규정한다. 경험과학적 시각을 견지하고 있는 사회과학연구는 주로 경험적 모형(수리모형)의 구축을 지향한다.

24 상호주관성은 공유된 주관 또는 주관적 인식의 일치상태를 지칭하며, 과학적 객관성(scientific objectivity)의 척도가 된다. 즉, 과학적 보편성은 특정한 연구방법과 그러한 연구방법을 통해 생산된 지식의 적실성에 대한 과학자들의 주관적 인식이 광범위한 합의에 도달할 때 확보된다고 본다. Popper(1999), 44-48; 김웅진·김지희(2005), 17-20 참조.

25 예컨대 회귀분석모형은 일단의 계량통계적 척도(R, R^2, F, t 등)에 따라 적실성의 해석과 판정이 보편적으로 이루어질 수 있다. 물론 이러한 평가척도의 보편적 수용은 계량통계적 연구방법의 적실성과 타당성을 인정하는 경험과학체계 내에 한정된다.

③ 모형에 포함되지 않은 외부인자로서 종속변인에 대한 독자적 영향력은 갖고 있지만 모형 내 설명변인이나 설명변인에 영향을 주는 여타 외부인자와 연관되지 않은 변인

④ 모형에 포함되지 않은 외부인자로서 설명변인과 함께 어우러져 종속변인에 영향을 미치는 변인(**중첩변인**confounding variable)

〈그림 2-7〉 인과관계의 형성과정에 관여하는 변인의 유형

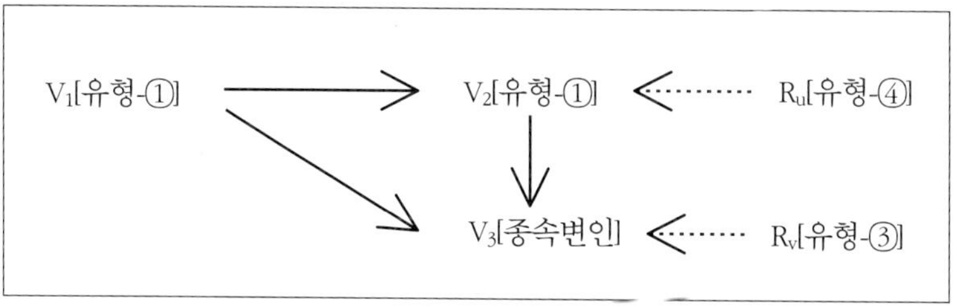

이러한 네 가지 유형 가운데에서 인과모형의 설명변인으로 상정되는 변인은 유형-①에 해당되는 변인이며, 유형-③과 유형-④ 변인은 작동변인 간의 인과관계(설명변인 → 종속변인)의 내적 타당성(탈허위성)을 훼손하는 인자로 간주되어 앞서 논의한 제어방식에 따라 영향력이 최소화된다. 이제 다음 장에서 인과모형의 기본구조와 유형을 보다 상세히 논의하기로 한다.

[주요 용어]

공 변 covariance	둘 이상의 변인이 상호연관되어 표출하는 변이양상.
교란항(오차항) disturbance terms	종속변인과 설명변인의 변이에 인과적 영향력을 행사하지만 모형 속에 포함되지 않은 외부인자.
내적 타당성 internal validity	독립변인(원인)이 종속변인(결과)의 변이를 실제로 야기할 때 확보되는 인과형 진술의 타당성 내지는 그에 관한 과학적 신뢰의 수준.
시간적 순차 temporal sequences	각각 원인과 결과로 상정된 현상을 발생시점에 따라 순차적으로 배열할 수 있을 때, 즉 원인이 결과에 선행할 때 양자 간의 인과관계를 상정할 수 있다는 인과추론의 제1척도.
인과모형 causal model	어떤 현상의 인과적 생성경로를 단순화하여 재현한 설명(예측)기제로서, 작동변인(종속변인과 설명변인)과 교란항으로 구성됨.
중첩변인 confounding variables	설명변인과 함께 어우러져 종속변인에 영향을 미치는 모형 밖의 외부인자.
탈허위성 nonspurious-ness	원인 X와 결과 Y의 공변양상이 여타 인자의 영향력으로부터 자유로울 때 비로소 인과관계(X→Y)의 내적 타당성이 보장된다는 인과추론의 제3척도.
항상적 연계 constant conjunction	어떤 현상(원인)의 변이가 다른 현상(결과)의 규칙적 변이를 지속적으로 수반할 때 이들 사이의 인과관계를 상정할 수 있다는 인과추론의 제2척도.

III

인과모형의 구조와 유형

1. 인과모형의 구조

인과모형은 연구대상의 생성과정을 추동하는 작동변인(설명변인·종속변인) 및 교란항과 이들 간의 관계구조를 조형하는 **인과경로**causal path로 구성된다.

(1) 작동변인과 교란항

인과모형의 구축단위는 명백한 이론적·경험적 함의theoretical/empirical import[26]를 확보한 작동변인이며, 이들은 **내생변인**endogenous variable과 **외생변인**exogenous variable으로 나누어진다. 내생변인은 그 변이양상variance이 모형 내 여타 작동변인의 인과적 영향력에 따라 결정되는 변인을, 그리고 외생변인은 모형 밖에 위치한 외부인자의 영향만을 받는 변인을 지칭한다. 작동변인을 표기할 때에는 variable(변인)의 첫 글자 V를 사용하고, 인과경로에서 차지하는 위치에 따라 V_1, V_2, V_3 등 숫자를 덧붙여 인과순차causal order를 명시한다(아래 그림 3-1 참조).

[26] 이론적 함의는 과학적 개념은 그것을 공유한 이론들을 체계적으로 연결하는 '매듭의 역할'을 수행해야 한다는 요건으로서 체계적 함의(systematic import)라 불리기도 하며, 경험적 함의는 모든 개념은 궁극적으로 실증지표들을 통해 조작정의됨으로써 지칭대상의 속성에 관한 명백한 분류척도를 갖추어야 한다는 요건을 지칭한다. 김웅진·김지희(2005), 137-143 참조.

〈그림 3-1〉 모형의 기본구조

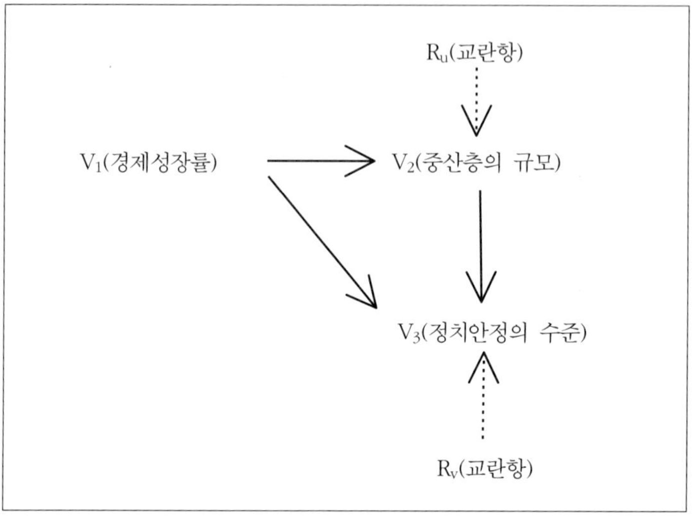

위 〈그림 3-1〉에 제시된 간단한 모형은 세 개의 작동변인, 즉 두 개의 설명변인 V_1, V_2와 종속변인 V_3를 갖고 있는데, 출발점 V_1은 외생변인이다. 왜냐하면 V_1에 영향을 주는 어떤 작동변인도 모형에 포함되어 있지 않기 때문이다. 다음으로 V_2는 V_1에 의해, 그리고 V_3는 V_1과 V_2에 의해 변이양상이 결정되는 내생변인이지만, 외부인자의 영향력을 완전히 배제한 '닫힌 모형closed model'이 아닌 한 순수한 내생변인은 존재하지 않는다. 따라서 모형에 포함된 작동변인과 더불어 정체를 명확히 알 수 없는 외부인자, 곧 교란항 R_u, R_v의 영향력을 받고 있는 V_2와 V_3($R_u \rightarrow V_2$, $R_v \rightarrow V_3$)는 **부분적 내생변인**partially endogenous variable에 해당된다.

교란항은 앞서 제 I 장에서 논의한 바와 같이 모형의 현실조응기능과 긴밀히 연관되어 있다. 즉, 폐쇄된 모형은 현실과 동떨어지기 때문에 사회과학연구에 적용되는 분석모형은 예외 없이 교란항을 갖고 있다. 다시 〈그림 3-1〉로 돌아가 보면, 종속변인으로 상정된 정치안정의 수준(V_3)을 결정하는 인자들은 모형에 포함된 설명변인인 경제성장률(V_1)과 중산층의 규모(V_2) 외에도 수없이 많다고 보아야 한다. 그럼에도 불구하고 모형설계자가 V_1, V_2 만을 선택한 이유는 이 두 개의 설명변인이 여타 인자에 비해 훨씬 강력한 영향력을 행사할 것이라 기대했기 때문이다. 물론 이러한 기대가 모형에 포함되지 않은 외부인자들이 전혀 영향력을 미치지 못한다는 선험적 판단을 반영하는 것은 아니다. 단지 외부인자(교란항)의 영향력이 실제로 있다 해도 무시할 수 있을 정도로 미미하다고 가정했을 뿐이다.

다음으로 〈그림 3-1〉에 상정된 교란항 R_u와 R_v의 위상을 살펴보면, R_u는 설명변인 V_2와 더불어 V_3에 영향을 미치는 중첩변인으로서의 외부인자이며, R_v는 설명변인 V_1, V_2, 중첩변인 R_u와 상관관계를 갖지 않고 독립적으로 V_3에 인과적 영향력을 행사하는 외부인자이다. 즉 R_u와 R_v는 각기 앞의 II-4에서 논의한 변인유형 가운데 유형-④와 유형-③에 해당된다.

(2) 인과경로와 구조방정식

인과경로는 작동변인들, 혹은 작동변인과 교란항 사이에 형성되는 인과관계의 흐름을 지칭하며, path(경로)의 첫 글자 P로 표기된다. 예컨대 V_1과 V_2 사이의 경로는 P_{21}이다. P에 붙어있는 숫자는 각기 종속변인과 독립변인을 지칭하는데, 종속변인을 앞에, 독립변인을 뒤에 놓는다(P_{ij}). 즉 $V_2 \rightarrow V_3$의 경로는 P_{32}이다. P_{ij}는 독립변인과 종속변인의 관계양상을 결정하는 핵심적 척도로서 이를 **경로계수**path coefficient라 칭한다.[27]

두 개 이상의 작동변인을 가진 모형은 전체적 구조에 따라 한 개 이상의 경로로 구성되고, 이러한 경로를 표기한 방정식, 즉 관찰변인(경험적으로 측정가능한 변인)과 잠재변인 간의 구조적 관계를 파악하는 연립방정식(선형방정식linear equation)[28]을 **구조방정식**structural equation이라 부른다. 앞의 〈그림 3-1〉 모형의 구조방정식은 아래와 같다.

〈식 3-1〉 3변인 모형의 구조방정식

- 구조방정식-1 : $V_2 = P_{21}V_1 + P_{2u}R_u$
- 구조방정식-2 : $V_3 = P_{31}V_1 + P_{32}V_2 + P_{3v}R_v$

위 구조방정식-2를 보면 V_3의 변이양상은 V_1, V_2와 교란항 R_v 등 세 개의 인자에 의해 결정된다는 것을 알 수 있다. 즉, 작동변인 V_1, V_2와 교란항 R_v가 각기 P_{31}, P_{32}, P_{3v}라는 독립적 경로를 통해 V_3에 인과적 영향력을 행사하고 있으며, 이는 V_1, V_2와 R_v가 아무런 상관관계를 갖지 않는다는 것을 의미한다. 이로부터 구조방정식의 '+'는 통계적 상호독립성statistical independence을 지칭하는 부호라는 사실을 알 수 있다. 즉, 정치안정의 수준(V_3)은 주로 경제성장률(V_1)과 중산층의 규

[27] 경로계수의 측정방법에 관해서는 제V장에서 상세히 논의하기로 한다.

[28] 최고차항의 차수가 1인 방정식(일차방정식).

모(V_2)에 의해, 일부는 교란항 R_v(예컨대 모형에 포함되지 않은 외부인자 가운데 의회제도의 성격)에 의해 결정되지만, 경제성장률, 중산층의 규모와 의회제도의 성격 사이에는 아무런 관계가 없다는 뜻이다.

한편 인과경로는 **직접경로**direct path와 **간접경로**indirect path로 나누어진다. 즉, 위 모형에서 V_1, V_3 사이의 인과경로는 V_2를 매개로 형성되는 간접경로($V_1 \rightarrow V_2 \rightarrow V_3$)와 직접경로($V_1 \rightarrow V_3$) 등 두 개의 경로로 이루어져 있다. 그러나 $V_1 \rightarrow V_2(P_{21})$, $V_2 \rightarrow V_3(P_{32})$는 직접경로이다. 물론 모형구조에 따라 두 변인 사이에 직접경로와 간접경로를 모두 상정할 수 있다(아래 〈그림 3-2〉 참조).

〈그림 3-2〉 민주화 수준의 결정모형

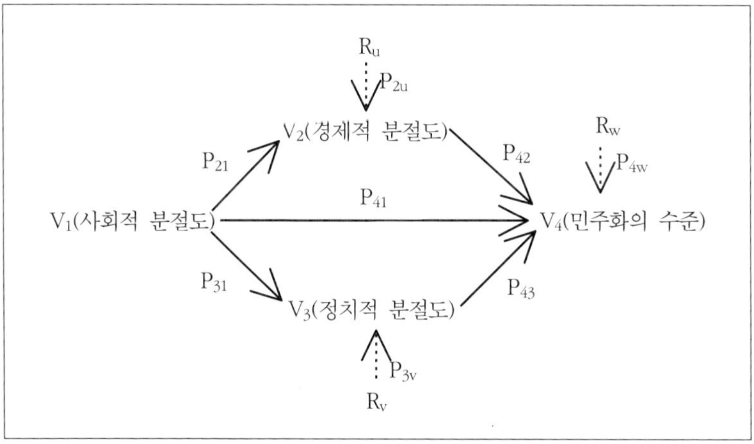

민주화의 수준이 결정되는 인과경로를 추적한 〈그림 3-2〉의 모형은 작동변인 간에 다섯 개의 경로를 갖고 있다.

- $V_1 \rightarrow V_2$ (P_{21}), $V_1 \rightarrow V_3$ (P_{31}), $V_1 \rightarrow V_4$ (P_{41})

- $V_2 \rightarrow V_4$ (P_{42}), $V_3 \rightarrow V_4$ (P_{43})

V_1과 V_4의 관계는 직접경로 P_{41} 뿐만 아니라 각기 P_{21}와 P_{42}, 그리고 P_{31}와 P_{43}로 이루어진 두 개의 간접경로를 동시에 갖고 있다. 이를 다시 정리해 보면 사회적 분절도(V_1: 종교적, 인종적 분절도 등)는

- 민주화의 수준(V_4)에 대해 직접적 영향력을 행사한다: 직접경로 $V_1 \rightarrow V_4$ (P_{41})
- 경제적 분절도(V_2: 예로서 계층 간 소득격차)를 매개로 민주화의 수준에 대해 간접적 영향력을 행사한다: 간접경로 $V_1 \rightarrow V_2 \rightarrow V_4$ (P_{21}, P_{42})
- 정치적 분절도(V_3: 예로서 의회분절도)를 매개로 민주화의 수준에 대해 또 다른 간접적 영향력을 행사하기도 한다: 간접경로 $V_1 \rightarrow V_3 \rightarrow V_4$ (P_{31}, P_{43})

2. 인과모형의 유형: 축차모형과 비축차모형

(1) 축차모형

가. 축차모형의 구조

축차모형recursive model은 작동변인들이 일정한 인과순차에 따라 한쪽 방향으로 연결된 모형으로서, 교란항을 상정하고 있다(아래 〈그림 3-3〉 참조). 따라서 축차모형은 ①인과경로의 전개양상이 일방적, 곧 비순환적non-circulatory이며, ②모형 속의 인과경로가 형성되는 과정에

있어서 알 수 없는 외부인자의 영향력을 인정한 개방모형open model이라고 말할 수 있다.

〈그림 3-3〉 정서적 유대의 형성경로에 관한 축차모형

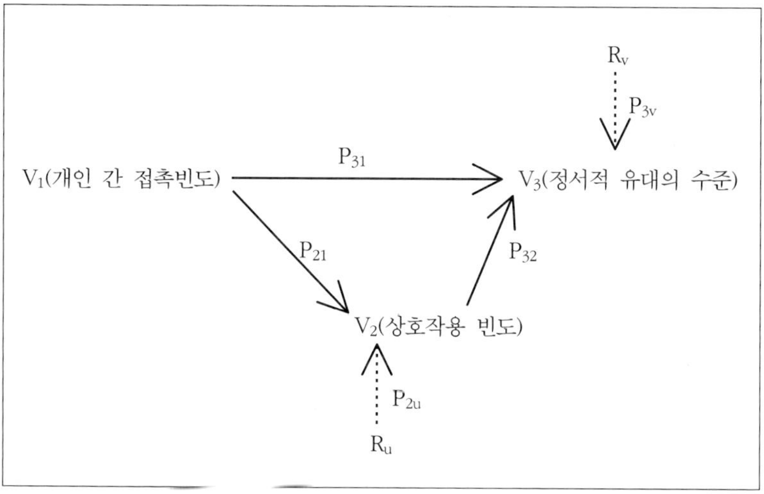

나. 작동변인의 순차질서와 인과경로

축차모형은 출발점starting point과 종착점terminal point이 분명한 인과경로를 갖고 있다. 위 〈그림 3-3〉의 경우 진출경로outgoing path만 가진 V_1이 출발점, 진입경로incoming path밖에 없는 V_3가 종착점이 된다. 인과경로의 진행과정에 있어서 각 작동변인의 순차는 진입경로의 수를 비교하여 쉽게 파악할 수 있다. 즉, V_1으로 들어오는 진입경로는 전혀 없고(0), V_2는 한 개(1), V_3는 두 개(2)의 진입경로를 갖고 있기 때문에 V_1이 처음 나오고 V_2가 그 다음, 마지막으로 V_3라는 순차질서를 갖는다. 이처럼 되돌아오지 않는 일방적 인과경로를 상정한 모형은 각

작동변인으로 진입하는 경로의 수가 서로 다를 때 순차질서를 지닌다 (Davis 1985, 17).

다음으로 축차모형의 인과경로는 앞의 1절 (2)항에서 논의한 직접경로와 간접경로로 이루어져 있다. 개인 간의 정서적 유대가 어떻게 형성되는가를 보여주는 위 〈그림 3-3〉 축차모형을 예로 들어 인과경로의 성격을 다시 논의해 보면,

① 개인 간의 접촉빈도(V_1)에 따라 정서적 유대의 수준(V_3)이 결정된다[직접경로]. 예컨대 어떤 두 학생이 같은 수업을 듣게 되어 자주 부딪히면(접촉빈도의 증대) 친밀감이 커진다(정서적 유대의 강화). 그러나 학기가 바뀌어 서로 다른 강의를 듣게 되면 만나는 경우가 줄어들고, 그만큼 소원해 진다.

② 개인 간의 접촉빈도(V_1)는 또한 상호작용 빈도(V_2)를 거쳐 정서적 유대의 수준(V_3)에 간접적 영향을 준다[간접경로]. 즉, 같은 수업을 듣는 두 학생은 자주 만날수록(접촉빈도 증대) 숙제를 같이하는 등 상호작용 빈도가 증대되고, 그러한 상호작용을 통해 서로 더욱 친밀해진다(정서적 유대의 강화).

따라서 위 〈그림 3-3〉에 제시된 축차모형은 출발점(V_1)으로부터 종국점(V_3)에 이르는 경로가 각 한 개의 직접경로와 간접경로로 구성된다.

- 직접경로[P_{31}]: V_1(접촉빈도) → V_3(정서적 유대의 수준)

- 간접경로[P_{21}, P_{32}]: V_1(접촉빈도) → V_2(상호작용빈도) → V_3(정서적 유대의 수준)

다. 교란항의 위상

앞서 말한 바와 같이 축차모형은 교란항을 포함하고 있다. 이처럼 모형의 설계과정에서 교란항을 포함시킬 경우에는 세 가지 가정을 세운다.

① 교란항의 영향력은 작동변인의 영향력에 비해 크게 떨어지고, 비록 어느 정도 영향력이 있다 하더라도 무시할 수 있는 미약한 수준이다.

② 교란항은 서로 상관관계를 갖지 않는다(위 〈그림 3-3〉의 경우 Cov[R_u R_v]=0). 즉, 교란항 사이에는 어떤 형태로든 인과경로가 존재하지 않는다.

③ 어떤 설명변인과 연결된 교란항과 여타 설명변인 사이에는 상관관계가 존재하지 않는다(위 〈그림 3-3〉에서 Cov[V_1 R_u=0]).

예컨대 〈그림 3-3〉에서 정서적 유대의 수준(V_3)은 대부분 접촉빈도(V_1)와 상호작용 빈도(V_2)에 의해 결정되나, 그 외에 모형에 포함되지 않은 수많은 인자들 역시 영향을 미친다고 본다. 이들의 정체는 모형을 설계하는 단계에서는 명확히 파악할 수 없고, V_1과 V_2 등 두 개의 작동변인 외에 V_3에 영향을 주는 모든 외부변인의 집합체를 R_v로 지칭할 뿐이다.

즉 R_v에는 흔히 말하는 '첫 눈에 반함'처럼 순간적으로 형성될 수 있는 감성적 유인emotional attraction 등 수많은 인자들이 포함되어 있다. 다시 말해서 사람들은 단 한 번만의 접촉을 통해서도 상당한 수준의 감성적 유인을 감지할 수 있고, 더 나아가 추가적 접촉과 그에 따른 상호작용 빈도의 증대가 없다 하더라도 그러한 유인이 정서적 유대의 수준에 독립적인 영향력을 발휘할 수 있다. 그러나 〈그림 3-3〉 모형의 설계자는 이를 작동변인으로 간주해 모형에 포함시키지 않았는데, 그 이유는 첫째, V_3에 대한 감성적 유인(R_v)의 영향력이 모형에 포함된 V_1, V_2에 비해 크게 떨어지고, 둘째, 이를 무시한다 해도 모형의 기본 구조가 무너지지 않을 것이라는 선험적 기대를 갖고 있기 때문이다.

결국 교란항은 검증을 통해 모형이 붕괴되느냐의 여부에 따라 그 중요성이 판정된다. 만약 교란항의 존재는 인정하되 영향력을 무시한 모형이 검증과정에서 무너져 버린다면, 혹은 작동변인의 영향력이 기대한 만큼 충분하지 않다는 사실이 밝혀진다면 교란항에 대한 전면적 재검토가 이루어져야 한다. 즉 교란항에 포함되어 있을 가능성이 있는 수많은 외부인자 가운데 몇 개를 역시 이론적·선험적 판단에 따라 선정하여 작동변인으로 배치한 새로운 모형을 설계할 수밖에 없다.

(2) 비축차모형

가. 비축차모형의 구조

비축차모형nonrecursive model은 〈그림 3-4〉와 같이 순환적 인과경로를 포함한 모형으로서, 교란항을 가진 개방모형이다. 비축차모형의 순환적 인과경로를 구성하고 있는 작동변인은 모두 여타 작동변인과 교란항으로부터 동시에 영향을 받는 내생변인(부분적 내생변인)이며, 따라서 축차모형의 출발점처럼 외부요인에 의해서만 영향을 받는 변인(외생변인)이 아니다.

〈그림 3-4〉 비축차모형의 구조

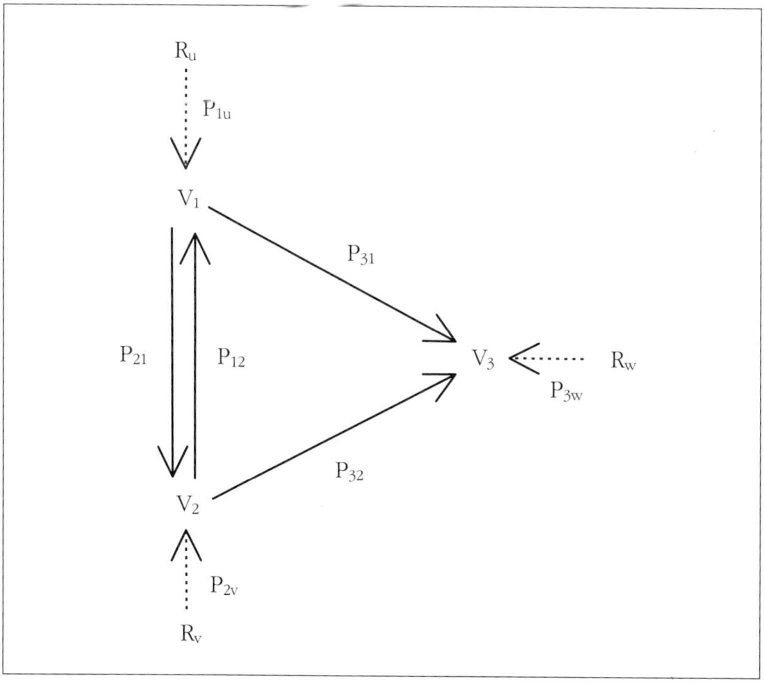

나. 작동변인의 순차질서와 인과경로

순환적 인과경로causal loop는 논리적으로 볼 때 출발점과 종착점이 없다. 그러나 실제로 모형을 설계할 때에는 이론적·선험적 판단에 따라 각 작동변인의 순차를 규정한다. 즉, 어느 변인으로부터 경로를 추적하느냐에 따라 모든 변인이 출발점이나 종착점이 될 수 있고, 또 모든 변인이 다른 변인들 사이의 관계를 매개하는 역할을 수행할 수도 있다(Davis 1985, 17-18).

이처럼 작동변인의 순차를 정하는 이유는 두 개의 변인이 동시에 서로 영향을 주는 상황이 실제로 존재하지 않기 때문이다. 다시 말해서, 작동변인들 사이의 순환적·인과적 상호작용reciprocal causation은 일정한 시간차를 두고 형성되는 별개의 일방적 관계를 통해 이루어진다고 본다(Hage and Meeker 1988, 17). 이러한 시간차는 명백히 관측될 수 있는 것도 있고, 관측이 불가능할 정도로 짧은 것일 수도 있다. 두 개의 작동변인 V_1과 V_2로 구성된 간단한 비축차모형과 그 경로를 구조방정식으로 표현하면 아래 〈그림 3-5〉와 같다.

〈그림 3-5〉에 나타난 것과 같은 정치사회구성원이 지닌 이념정향ideological orientation(V_1)과 정당선호party preference(V_2)의 순환적 인과관계를 예로 들어 보면, 일단 이념정향(우파정향 - 좌파정향)이 정당선호(우파정당 선호 - 좌파정당 선호)에 영향을 미친 후, 어느 정도 시간이 흐른 다음 정당선호가 다시 이념정향에 영향을 준다고 말할 수 있다($V_1 \rightarrow V_2$, $V_2 \rightarrow V_1$). 물론 이와 정반대의 경우도 가능하다. 즉, 어떤 정당을 선호하느냐에 따라 그러한 정당이 표방하고 있는 이념적 정향을 수용

〈그림 3-5〉 순환적 인과경로와 구조방정식

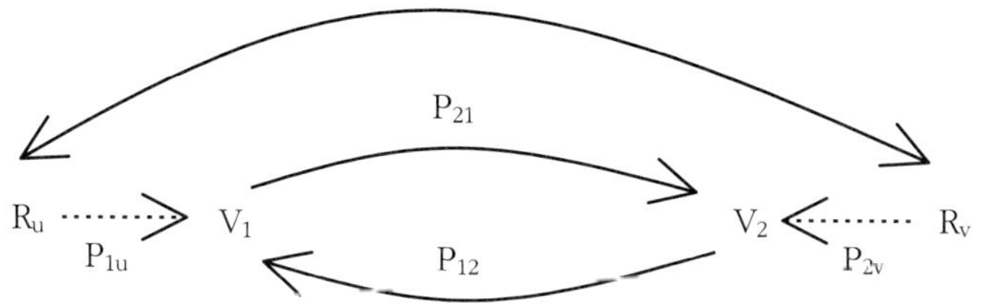

- V_1(정치사회구성원의 이념정향) = $P_{12}V_2 + P_{1u}R_u$
- V_2(정치사회구성원의 정당선호) = $P_{21}V_1 + P_{2v}R_v$

한 후, 다시 수용된 이념적 정향이 같은 이념을 표방하는 정당에 대한 선호를 강화하는 경우이다($V_2 \rightarrow V_1$, $V_1 \rightarrow V_2$). 결국 어떤 작동변인을 출발점으로 삼는 가는 모형설계자의 이론적 시삭에 따라 결정된다.

다. 교란항의 위상

비축차모형은 축차모형과 같이 인과경로의 전개과정에 있어서 작동변인에 대한 교란항의 영향력을 인정한다. 그러나 비축차모형의 교란항들은 축차모형의 경우와 달리 서로 연관되어 있다($Cov[R_u\ R_v] \neq 0$).

[주요 용어]

간접경로 indirect path	매개변인(간섭변인)을 상정하고 있는 작동변인 간의 인과경로.
경로계수 path coefficient	인과모형의 구조방정식에 있어서 작동변인 간의 관계양상을 결정하는 계수.
구조방정식 structural equation	관찰변인과 잠재변인 간의 구조적 관계를 파악하는 선형방정식(선형모형linear model).
내생변인 endogenous variable	변이양상이 모형 내 여타 작동변인의 인과적 영향력에 따라 결정되는 변인.
부분적 내생변인 partially endogenous variable	모형 내 작동변인과 외부인자(교란항)의 영향력을 동시에 받고 있는 내생변인.
비축차모형 nonrecursive model	작동변인 간의 순환적 인과경로를 포함한 모형으로서, 교란항을 상정하고 있는 개방모형.
외생변인 exogenous variable	모형 밖에 위치한 외부인자의 영향만을 받는 모형 내 작동변인.
인과경로 causal path	인과모형에 있어서 작동변인 간의 인과적 영향력이 행사되는 통로.
인과순차 causal order	축차모형에 있어서 작동변인의 인과적 연계순차.
축차모형 recursive model	작동변인이 일정한 인과순차에 따라 한쪽 방향으로 연결되어 있으며, 교란항을 포함한 개방모형.
직접경로 direct path	매개변인이나 간섭변인 없이 직접 연결된 작동변인 간의 인과경로.

IV

인과모형의 설계: 전제와 요건

인과모형을 설계하기 위해서는 두 가지 전제를 수용해야 하며, 그러한 전제 하에서 일단의 이론적·방법론적 요건을 충족시켜야 한다.

1. 모형설계의 전제

(1) 전제-1: 인과구조의 잠정성

모형의 인과구조는 잠정적이다. 즉, 인과구조의 구축단위인 작동변인은 설계자의 이론적·선험적 판단에 따라 임의로 선정되며, 이들 간의 인과경로는 현실세계의 모습을 단순화 가정[29]에 따라 축소·재구성한 것이다. 바꾸어 말해서, 설계자는 작동변인을 제외한 모든 외부인자들을 교란항으로 처리하는 가운데 모형을 잠정적으로 폐쇄한다.

물론 '모형 닫기' 작업이 외부인자를 무시하는 것은 결코 아니다. 설계자는 이들이 모형 내 작동변인에 영향력을 행사할 수 있는 가능성을 항상 열어놓는다. 또 일단 구축된 모형이 설명력을 발휘하지 못하는 것으로 밝혀진다면 새로운 작동변인을 추가하거나 이미 포함된 작동변인을 배제함으로써 인과구조를 지속적으로 재조정한다. 바꾸어 말해서 변인의 선정에 관한 절대적·단정적 기준은 존재하지 않는다.

이러한 잠정성은 인과경로의 유형을 설정함에 있어서도 노정된다.

[29] 앞의 각주 22) 재참조.

새로운 작동변인의 추가와 기존 작동변인의 배제는 직접경로를 간접경로로, 또 간접경로를 직접경로로 전환시킬 수 있다. 왜냐하면 어떤 작동변인이 종속변인의 직접적 원인인가 혹은 간접적 원인인가는 그 변인이 모형구조 속에서 차지하는 기능적 위상functional locus에 따라 결정되기 때문이다. 애당초 직접경로만을 갖고 있던 두 작동변인 사이에 새로운 변인을 끼워 넣을 수 있고, 이때 독립변인은 매개변인으로 바뀌거나 혹은 선행변인prior variable[30]이 되어 애당초의 위치보다 앞으로 나오거나 뒤로 밀려난다. 이에 더해 인과 네트워크causal network를 어느 정도 확장하느냐에 따라 동일한 변인의 위상과 역할이 언제든지 바뀔 가능성이 있다. 따라서 '잠정적으로 닫힌 모형'의 인과구조는 어디까지나 조건적일 수밖에 없으며, 어떤 작동변인이 모형 속에서 수행하는 역할은 모형검증이 종료되어 인과구조가 닫힐 때 최종적으로 결정된다(김웅진·김지희 2005, 56-63). 요컨대 모형의 인과구조는 항상 잠정성과 그에 따른 유동성을 내포하고 있다(〈그림 4-1〉 참조).[31]

---

30 인과질서에 있어서 어떤 작동변인에 앞선 변인. Davis(1985), 21.

31 블레이록은 이러한 맥락에서 작동변인의 위상은 외부인자를 더 이상 추적하기 어렵거나 그 변량을 측정할 수 없을 때, 또는 그들로부터의 영향력을 밝혀낼 수 없을 때 모형을 잠정적으로 폐쇄함으로써 결정된다고 주장한다. Blalock (1964), 18.

〈그림 4-1〉 인과구조의 잠정성과 유동성

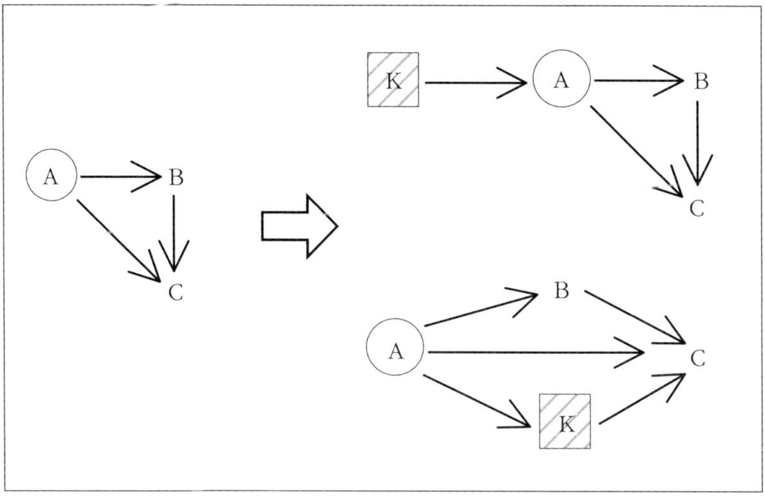

(2) 전제-2: 인과경로의 개연성

전제-1에서 논의한 인과구조의 잠정성은 개연성, 곧 비확정성 indeterminacy을 초래한다. 모형이 상정하고 있는 인과구조의 확정성은 ① 설명변인(독립변인)이 예외 없이 종속변인의 변이를 야기하고, ② 모형에 포함되지 않은 외부인자, 곧 교란항이 완벽하게 통제되고, ③ 독립변인의 변량을 임의로 조작할 경우 종속변인의 변이양상은 늘 모형이 예측한 대로 나타난다는 가정 하에서만 확보될 수 있다. 이처럼 확정적·단정적 모형, 곧 "시계 모형clock model"[32]에 있어서는

[32] 알먼드와 젠코가 인과법칙의 확정성과 비확정성에 관한 포퍼의 "구름-시계(clouds-clocks)" 은유를 빌어 만든 조어로서, 연역법칙적 설명, 곧 예외 없는 필연적 설명의 논증구조를 반영한 인과모형을 지칭함. 포퍼의 은유에 관해서는 Popper(1989), 206-255 참조.

예측오차prediction error가 절대로 발생할 수 없다(Blalock 1964, 15-16; Almond and Genco 1977).

그러나 모형의 확정성은 바로 그러한 가정의 비현실적 성격으로 인해 어떤 연구에 있어서도 보장될 수 없으며, 특히 자연현상에 비해 안정성이 크게 떨어지는 사회현상을 투사하려는 모형에 있어서는 더욱 기대하기 어렵다. "구름과 같은cloudlike", 즉 지극히 유동적인 사회현상의 변이를 야기하는 모든 인자들을 남김없이 탐색하거나 통제하기란 불가능하기 때문이다. 정치현상(사회현상)의 존재론적 본질을 논의한 알먼드와 젠코에 따르면(Almond and Genco 1977, 492[김웅진 2000, 173]),

> …정치현상[사회현상]은 결정, 목표, 의도와 같은 인간의 관념들이 끊임없이 그리고 강하게 다른 관념, 인간행위, 그리고 물질계와 상호작용함으로써 생성된다고 할 수 있다. 이처럼 복잡한 체계의 핵심에는 선택과 결정choice and decisions, 즉 명령, 복종, 투표, 요구 등에 관한 결정이 있다. 정치적 세계[사회적 세계]는 조직화된 틀을 가지고 있다. 정치 엘리트는 명령을 내릴 것인지 아닌지의 여부와, 어떤 명령을 내리고 어떻게 그 명령을 수행시킬 것인지에 관한 결정을 한다. 시민들과 피지배자들 역시 그 명령에 복종할 것인지 아닌지, 복종한다면 어떻게 할 것인지를 결정해야 하며, 또한 요구를 표출할 것인지 아닌지, 표출한다면 어떻게 할 것인지를 결정해야 한다. 이 결정들이 바로 정치의 핵심이자 정치학이 탐구하고 이해하려는 연구주제이다. 이 정치현상들 간의 관계는 자연현상처럼 작용-반작용적인 것이 아니다. 즉 이들을 인과론적 '시계모형'으로 집어넣기란 결코 쉽지 않다. 정치 엘리트와 시민들의 행위 레퍼토리는 고정된 것이 아니기 때문이다. 정치적 행위자들은 기억을

가지며 경험을 통해 학습한다. 또한 그들은 나름대로의 목직과 열망, 그리고 계산된 전략을 지니고 있다. 이런 기억, 학습, 목표추구, 문제해결[전략]은 원인과 결과, 독립변인과 종속변인 간에 개입하는 매개변인들인 것이다...[33]

이에 따라 실제 모형구축과정에 있어서는 예측오차를 허용할 뿐만 아니라, 모형의 적실성을 예측오차의 크기에 따라 판정한다. 다시 말해서 모형의 확정성을 인정한다면 그것은 어디까지나 예측오차의 크기에 따른 상대적 확정성, 곧 개연성의 수준에 불과한 것이다.

2. 모형설계의 요건

(1) 이론적 근거의 제시

모형을 설계하기 위해서는 견고한 이론적 근거theoretical rationale를 확보해야 한다(James · Mulaik · Brett 1982, 34-36). 즉, 서론에서 논의한 바와 같이 모형은 경험적으로 검증될 수 있도록 재구성된 이론이며, 따라서 모형의 구조는 한 개 또는 몇 개의 이론으로부터 연역적으로 도출된다. 물론 새로운 현상을 설명하기 위한 **탐색형 연구**explorative research[34]에 있어서는 설계지침을 제공하는 기존 이론이 존재하지 않

[33] [ ] 속의 말은 독자의 이해를 돕기 위해 이 책의 저자가 추가한 것임.

[34] 과학연구는 기존 이론이나 모형을 적용함으로써 그 설명력을 재점검하려는 **확증형 연구**(confirmatory research)와 새로운 현상을 설명하기 위해 새로운 이론과 모형을 구축하려는 탐색형 연구로 나누어진다. 김웅진 · 김지희(2005), 166 참조.

을 수 있으나, 그러한 경우에도 연구대상과 관련된 현상을 다루는 이론 내지는 가설을 기반으로 모형구조를 설정하게 된다. 요컨대 연구프로그램(패러다임)의 완벽한 전환이 이루어지지 않는 한 모형은 기존지식의 범주 내에서 설계된다.

보다 구체적으로 이론은 **인과구조의 개략**molarity을 제공한다. 개략이란 "복합단위 간의 거시적 인과법칙(인과경로)"[35]을 지칭하며, 모형설계자는 이러한 개략에 입각해 복합단위를 구성하는 작동변인을 선정하고 그들 간의 상세한 **미시적 연계**micromediation[36], 곧 구체적 조건하에서 표출되는 상관관계를 상정하게 된다(〈그림 4-2〉 참조).

> ...[작동변인] 간의 기능적 연계와 단순한 상관관계를 구별해야만 한다. 이미 획득한 경험이나 관측은 공변의 형태로 표출되는 작동변인 간의 상관관계를 규명하는데 도움을 줄 수 있다...원인이 어떻게 결과를 야기하는지, 즉 왜 작동변인들이 공변하는지 파악할 수 있는 근거는 대개 면밀한 관측으로부터 도출된 기존 이론으로부터 연역된다...(James · Mulaik · Brett 1982, 34)

35 "Causal laws stated in terms of large and often complex objects." Cook and Campbell(1979), 32.

36 "The specification of causal connections at a level of smaller particles that make up the molar objects on a finer time scale." Cook and Campbell(1979), 32.

〈그림 4-2〉 인과구조의 개략과 미시적 연계

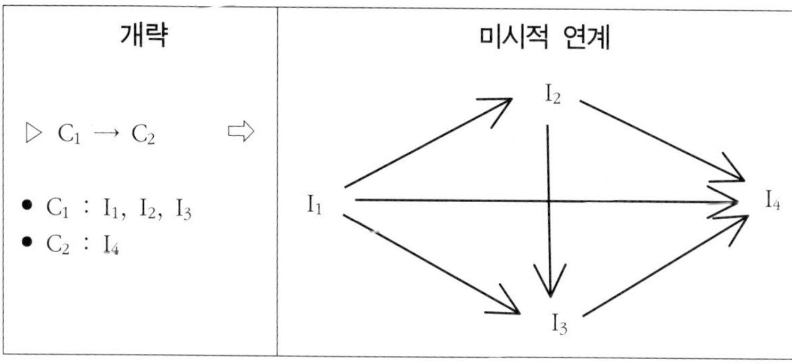

(2) 경계의 확정

두 번째로 모형의 인과구조가 성립되는 범주, 곧 작동변인과 성립선행조건의 **경계**boundaries를 설정해야 한다(James · Mulaik · Brett 1982, 48-49). 이러한 경계는 작동변인 간의 상관관계가 모형이 적용되는 공간적 · 시간적 사례와 같은 일정한 조건 아래에서 외부인자의 영향력에 따라 변동되지 않을 때 확정된다. 만약 작동변인 간의 상관관계가 제3변인(외부인자)의 개입이나 성립선행조건의 변화로 인해 붕괴된다면 모형의 내적 타당성은 당연히 상실되고 경계 역시 허물어진다. 즉, 모형의 경계확정과정에서 가장 중요한 작업은 외부인자의 존재를 포착하여 그 영향력을 통제하거나 최대한 축소함으로써 구조방정식의 왜곡을 방지하는 것이다('모형 닫기'). 물론 모형의 경계는 모형구조 자체와 마찬가지로 잠정적 · 조건적 성격을 탈피할 수 없다.

> ...외부인자의 교란효과를 축소함으로써 모형이 본래 가진 경계를 명확히 점검해야 한다. 뒤집어 말해서, 상당한 영향력을 행사하

는 외부인자를 포착하는데 실패한다면 구조적 모수structural parameters[37] 들이 잘못 측정되어 [종속변인에 대한 설명변인의] 인과적 영향력의 추론이 왜곡되게 마련이다(James · Mulaik · Brett 1982, 48).[38]

(3) 설명변인-교란항의 상관관계 제거

세 번째 요건은 바로 위에서 논의한 요건 (2), 즉 '모형 닫기'와 연관된다. 인과관계를 정확히 서술하는 함수방정식(구조방정식이나 회귀식)은 종속변인의 변이를 야기하는 모든 설명변인을 빠짐없이 포함해야 한다. 아래 간단한 선형회귀식을 예로 들면,

〈식 4-1〉 인과관계를 완벽하게 표현한 선형회귀식

$$Y = b_1X_1 + b_2X_2 + e \ (=RS)$$

- RS: 무작위적 효과random shock를 발휘하는 교란항

위 〈식 4-1〉은 종속변인 Y의 변이를 초래하는 두 개의 설명변인 X_1, X_2와 순수하게 무작위적인 영향력 RS만을 행사하는 교란항 e로 구성된다. 즉, 이 식은 X_1, X_2, e만이 Y에 영향을 주는 인자이고, 그 외에 ①Y에 직접적 영향력을 행사하며, ②안정적이고, ③ X_1, X_2 모두 혹은 그중 하나와 상관관계를 갖고, ④ X_1, X_2에 선형적으로 종속된 인자들이 전혀 없다고 본다. 따라서 완벽한 인과관계를 지칭

---

37 패러미터는 모집단(population)의 통계적 특성으로서, 여기에서는 일반화된 것으로 추정되는 모형구조의 특성을 결정하는 계수들을 지칭한다.

38 [ ] 속의 말은 독자의 이해를 돕기 위해 이 책의 저자가 추가한 것임.

하는 회귀식의 설명변인은(〈식 4-1〉의 경우 X_1, X_2)는 당연히 교란항(e)과 상관관계를 갖지 않는다(아래 〈식 4-2〉와 〈그림 4-3〉 참조).

〈식 4-2〉 인과관계를 완벽하게 표현하는 회귀식에 있어서 설명변인과 교란항의 상관관계〉

$$E(X_1 \ e) = E(X_1 \ RS) = Cov[X_1 \ e] = 0$$
$$E(X_2 \ e) = E(X_2 \ RS) = Cov[X_2 \ e] = 0$$

〈그림 4-3〉 완벽한 인과관계를 표현하는 모형

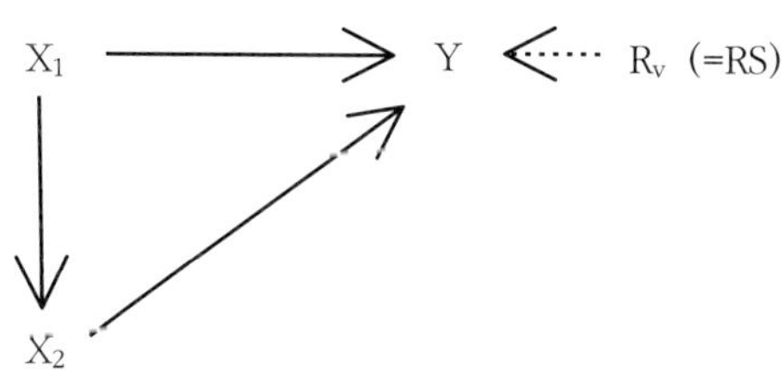

• RS: 무작위적 효과random shock를 발휘하는 교란항

이처럼 e가 X_1, X_2와 상관관계를 갖지 않는다면 Y의 기대값은 조건식conditional equation $E[Y|X_1, X_2] = b_1X_1 + b_2X_2$ 로 결정되며, $Y=F(X_1, X_2, e)$은 인과관계를 정확히 서술한다고 볼 수 있다. 그러나 만약 주요한 설명변인 A가 누락되었다면 회귀식은 〈식 4-3〉과 같이 변하고, 이를 표현한 모형은 〈그림 4-4〉와 같다.

〈식 4-3〉 인과관계를 완벽하게 표현하지 못하는 선형회귀식

$$Y = b_1X_1 + b_2X_2 + e \ (=RS + A)$$

- RS: 무작위적 효과random shock를 발휘하는 교란항
- A: 누락된 설명변인

〈그림 4-4〉 인과관계를 완벽하게 표현하지 못하는 모형

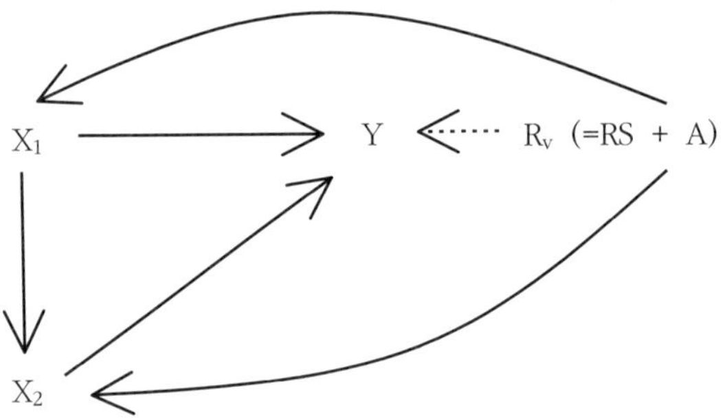

- RS: 무작위적 효과random shock를 발휘하는 교란항
- A: 누락된 설명변인

〈식 4-3〉과 〈그림 4-4〉에 따르면 교란항 e는 X_1, X_2와 상관관계를 갖는다. 즉, 아래 〈식 4-4〉를 보면

〈식 4-4〉 인과관계를 완벽하게 표현하지 못하는 회귀식에 있어서 설명변인과 교란항의 상관관계

$$E(X_1\ e) = E[X_1\ (RS + A)] = E(X_1\ RS) + E(X_1\ A) = Cov[X_1\ A] \neq 0$$

$$E(X_2\ e) = E[X_2\ (RS + A)] = E(X_2\ RS) + E(X_2\ A) = Cov[X_2\ A] \neq 0$$

이처럼 누락된 설명변인 A를 포함한 교란항(c)과 상정된 설명변인 X_1, X_2의 공변은 곧 〈식 4-3〉이 모든 설명변인들을 빠짐없이 포함해야 한다는 인과관계의 규정논리에 어긋난다는 사실을 보여준다. 이로부터 모형의 인과구조는 설명변인이 교란항과 상관관계를 갖지 않을 때 타당성을 확보한다는 것을 알 수 있다(James · Mulaik · Brett 1982, 43-46).

(4) 구조적 안정성 확보

네 번째로 **구조적 안정성**을 확보해야 한다(James · Mulaik · Brett 1982, 49-51). 구조적 안정성이란 작동변인의 값과 그에 따른 구조방정식의 경로계수가 측정시점에서 일시적 항상성temporary constancy을 유지하는 상태를 지칭하며, 이러한 상태를 **평형상태**equilibrium-type condition라 부른다(Namboodiri · Carter · Blalock, 1975). 즉, 작동변인의 양상이 측정 직전 일정기간에 걸쳐 고정될 뿐만 아니라,[39] 그처럼 고정된 값을 이용해 경로계수를 도출하는 전 과정에 걸쳐 변동하지 않을 때 평형상태가 확보된다.

작동변인이 측정과정에서 유동성을 나타낸다면 모형의 인과구조(구조방정식)는 당연히 불안정해진다. 예로서 어떤 작동변인을 같은

[39] 어떻게 "일정 기간"을 정하느냐는 전적으로 연구설계에 달려있다. 예로서 2010년에 표출된 정치불안정 양상을 5개 국가를 대상으로 추적하는 교차사례연구(cross-cases study)에 있어서, 측정시점을 2010년 12월 1일로 잡았다면 2010년 1월 1일부터 12월 1일까지는 측정된 정치불안정의 수준(측정 값)이 고정되어야 한다.

시간대(2010년 $\frac{1}{4}$분기) 속의 두 개 시점(2010년 1월, 2010년 2월)에서 측정했을 때 각기 다른 값을 얻는다면 동일한 현상(종속변인)에 대해 상이한 경로계수를 지닌 두 개의 구조방정식을 구축하게 된다. 이와 반대로 경로계수들이 고정되면 그만큼 안정적인 구조방정식을 만들 수 있지만, 그러한 안정성은 어디까지나 연구의 시간적 범주에 한정된 조건적 안정성이라고 볼 수 있다(아래 〈그림 4-5〉 참조).

〈그림 4-5〉 평형상태

- 측정기간 : 2010년 $\frac{1}{4}$분기
- 측정시점 : 2010년 3월 31일

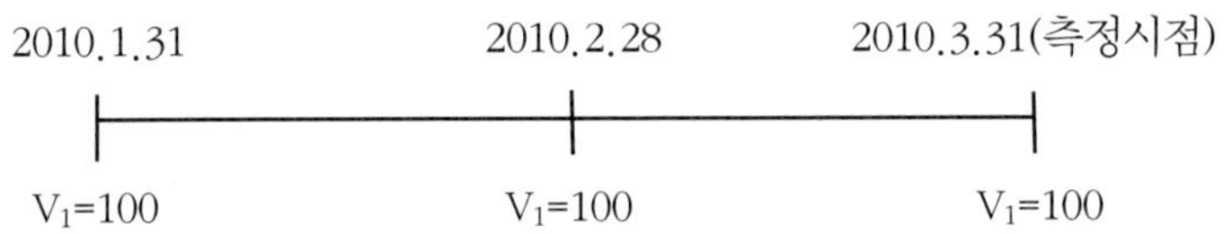

평형상태는 정해진 시간적 구획(2000년~2010년 등)에 걸쳐 작동변인의 변이양상을 연속적으로 추적하는 **시계열분석**time-series analysis에 있어서도 충족되어야 한다. 그런데 시계열 분석의 경우 특정시점(예컨대 2000년)에서 확보된 인과구조의 안정성은 다음 측정시점(2001년)에서 표출되는 설명변인 값의 변화와 그에 따른 종속변인 값의 변화로 인해 붕괴된다. 그러나 새로 측정된 작동변인의 값(2001년 값)을 통해 역시 새롭게 도출된 인과구조가 안정될 때 평형상태가 재현되어 **평형수준의 변화**shift in equilibrium level(Namboodiri *et al.*, 1975)가 이루어지고

(아래 〈그림 4-6〉 참조), 새로운 평형상태를 확보하는데 요구되는 시간을 **평형화 시간**equilibration time이라 부른다(Heise 1975). 즉 평형화 시간은 설명변인과 종속변인의 시간적 발생간격, 곧 인과순차의 시간간격causal interval에 해당된다고 말할 수 있다. 이처럼 ① 평형수준의 변화에도 불구하고 구조방정식의 경로계수가 바뀌지 않고(설명변인→종속변인 간 상관관계의 불변), ② 설명변인과 종속변인의 측정시점이 인과순차의 시간적 간격과 일치할 때 안정적인 구조방정식을 도출할 수 있다(James · Mulaik · Brett 1982, 50). 요컨대 작동변인의 값이 각 측정시점에서 일시적 항상성을 나타내고(평형상태), 구조방정식이 연구설계research design에 따라 구획된 시간대 내에서 고정된다면(정상성 혹은 정류성stationarity) 모형이 상정하고 있는 인과구조의 안정성이 확보된다.

〈그림 4-6〉 평형수준의 변화

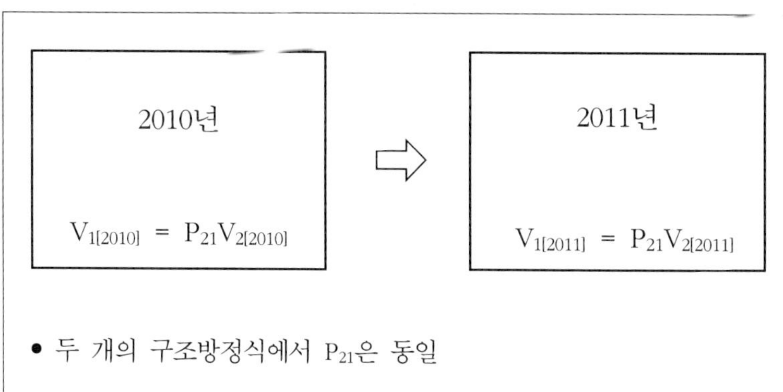

물론 이러한 요건들은 어디까지나 이상적·논리적 요건들이기 때문에 실제 연구에 있어서는 완벽하게 충족될 수 없다. 예컨대 교란항과 설명변인의 상관관계를 제거해야 한다는 요건-(3)을 모형설계와

검증과정에서 액면 그대로 반영할 수는 없으며, 따라서 엄정한 의미에 있어서의 논리적 인과관계를 경험적으로 확증한다는 것은 불가능하다. 인과모형은 어디까지나 비확정적이자 개연적인 인과구조를 보여줄 뿐이고, 그러한 맥락에서 유동성과 불안정성을 결코 탈피할 수 없다.

[주요 용어]

모형의 경계 boundaries	모형의 인과구조, 곧 작동변인 간의 관계양상과 그 성립선행조건이 적용되는 범주.
미시적 연계 micro-mediation	인과구조의 개략이 구체적 조건 하에서 표출되는 상관관계.
시계열분석 time-series analysis	연구설계에 따라 설정된 시간적 구획에 걸쳐 작동변인의 변이양태와 그들 간의 관계를 연속적으로 추적하는 연구. 통시적 연구longtitudinal analysis라 부르기도 함.
인과구조의 개략 molarity	복합적 단위 간의 거시적 인과법칙(인과경로).
탐색형 연구 explorative research	새로운 현상을 설명하기 위해 새로운 이론과 모형을 도출하는 연구.
평형상태 equilibrium-type condition	인과모형에 있어서 작동변인의 값과 그에 따른 구조적 모수가 측정시점에서 일시적 항상성을 유지하는 상태(구조적 안정성).
평형수준의 변화 shift in equilibrium level	특정 시점에서 확보된 인과구조의 평형상태가 다음 측정시점에서 표출되는 작동변인 값의 변화로 인해 붕괴된 후, 새롭게 측정된 작동변인의 값에 따라 재현되는 현상.
평형화 시간 equilibration time	시계열분석에 있어서 일단 붕괴된 평형상태가 재현되는데 걸리는 시간. 설명변인과 종속변인의 시간적 발생 간격, 곧 인과순차의 시간간격에 해당.
확증형 연구 confirmatory research	기존 이론이나 모형을 적용함으로써 그 설명력을 재점검하려는 연구.

V

인과모형의 검증: 절차와 방식

인과모형은 다양한 수리모형을 통해 표현된다. 즉, 단순한 OLSordinary least squares(통상최소자승법)[40] 회귀모형이나 그에 기반을 둔 경로모형path model으로부터 시작하여 로짓모형logit model, 프로빗모형 probit model, 또는 연구자가 독자적으로 설계한 수리적 형식모형formal mathematical model에 이르기까지 연구설계에 따라 여러 가지 형태를 취할 수 있다.[41] 제V장에서는 가상자료를 사용한 간단한 **경로분석**path analysis을 통해 모형검증의 기본논리와 절차를 소개하기로 한다.

1. 축차모형의 검증

경로분석을 통한 축차모형의 검증절차를 소개하기 위해 제III장의 〈그림 3-1〉에서 세시한 모형, 곧 세 개의 작동변인과 두 개의 교란항으로 구성된 모형을 가상자료를 사용해 검증해 보기로 한다.

---

40 선형회귀분석에 있어서 종속변인의 실 값과 예측 값의 차이, 즉 오차의 제곱의 합[$\Sigma e^2 = \Sigma(Yi-\hat{Y}i)^2$] 이 최소화되도록 함으로써 왜곡되지 않은 회귀계수를 측정하는 방법. OLS 회귀분석의 논리는 Achen(1982), Lewis-Beck (1980) 등에 상세히 소개되어 있음.

41 로짓 모형과 프로빗 모형에 관해서는 Borooah(2002); Gujarati[안충영·홍성표·박완규](2000), 577-615 참조.

〈그림 5-1〉 3변인 축차모형

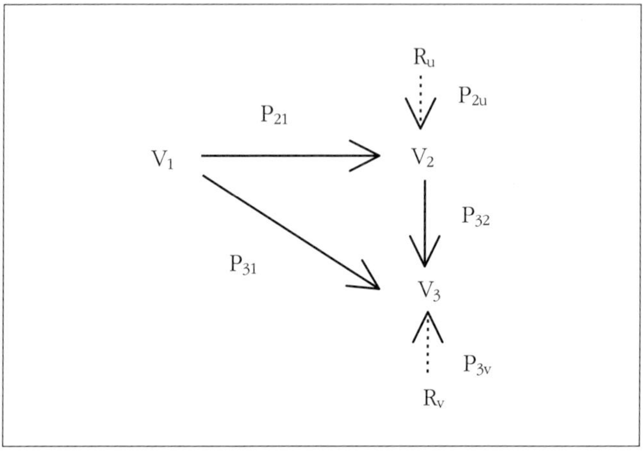

(1) 중다회귀분석

모형검증의 첫 번째 단계는 중다회귀분석multiple regression을 통해 모형에 상정된 작동변인(설명변인)의 영향력을 확인하는 작업이다. 즉, 위 〈그림 5-1〉에 포함된 설명변인 V_1, V_2가 종속변인 V_3에 대해 통계적으로 유의미한 영향력을 행사하지 못하는 것으로 밝혀진다면 검증 작업을 더 이상 진행할 필요가 없고, 모형은 당연히 폐기된다. 아래 표는 정치학, 사회학 등 경제학을 제외한 사회과학연구에 흔히 적용되는 통계 패키지 SPSS(*Statistical Packages for the Social Sciences*)를 통해 가상자료를 분석한 결과이다(OLS multiple regression).

〈표 5-1〉 중다회귀분석 결과

r	0.941	
r^2	0.885	
F	46.207 (sig.= 0.000)	
b	CONSTANT	1.107
	V_1	0.530
	V_2	0.523
BETA	V_1	0.246
	V_2	0.704

위 표를 보면 상관계수 값($r=0.941$)과 결정계수 값($r^2=0.885$)이 매우 높고, 회귀모형의 통계적 적합도를 나타내는 F 값이 영가설 [$b=0$]을 기각하기에 충분한 수준(sig.=0.000)에 달하고 있다. 즉, V_1, V_2를 이용해 종속변인(V_3)의 변이 가운데 88.5%를 설명할 수 있기 때문에 이들을 작동변인으로 상정한 아래 다중회귀모형은 일단 통계적 적실성을 확보한 것으로 판정할 수 있다.

▷ 중다회귀모형: $V_3 = 1.107 + 0.530V_1 + 0.523V_2 + e$

그러나 이러한 모형은 〈그림 5-1〉에 나타난 인과경로를 추적하는데 적합하지 않다. 왜냐하면 중다회귀모형은 단지 종속변인(V_3)의 변이를 설명함에 있어서 설명변인들(V_1, V_2)의 누적적additive 영향력이 어느 정도인가를 보여줄 뿐이며, 또한 설명변인 간의 통계적 상호독립성statistical independence(**중다공선성**multicollinearity 부재)을 전제로 하고 있기 때문이다[42](그림 5-2 참조). 따라서 〈그림 5-1〉 모형의 인과구조를 추적하기 위해서는 별도의 분석방법, 곧 회귀분석에 기초한 경로분석을 적용해야 한다.

〈그림 5-2〉 회귀분석모형의 인과구조

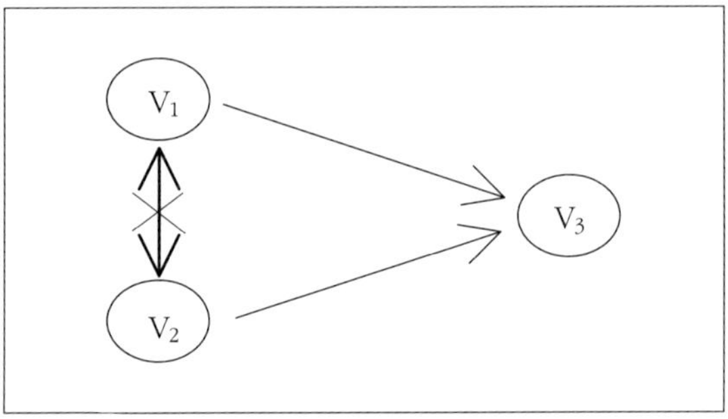

(2) 경로분석

작동변인 간에 상정된 인과경로를 추적해 인과모형의 총체적 구조가 지닌 통계적 타당성을 확인하는데 사용되는 가장 흔한 분석방법은 경로분석이다. 경로분석은 쉽게 말해서 설명변인-종속변인, 설명변인-설명변인, 교란항-설명변인, 그리고 교란항-종속변인 간에 인과적 영향력이 흐르는 '파이프(경로)'가 존재하는지, 그리고 존재한다면 그 굵기가 어느 정도인지를 파악하려는 목적을 갖고 있다. 파이프가 굵으면 굵을수록, 즉 변인 간의 상관관계correlation(r_{ij})가 크면 클수록 더욱 큰 인과적 영향력이 흘러들어간다고 본다. 이러한 경로분석은 구조방

[42] 중다공선성(다중공선성)은 회귀모형에 있어서 설명변인(독립변인) 간의 상관관계, 곧 선형종속성(linear dependency)을 지칭함. Gujarati[안충영·홍성표·박완규](20000, 345-376; Blalock(1972), 457-464; Kmenta(1971), 380-191 등을 참조할 것.

정식 설정, 경로계수 측정, 측정된 경로계수를 이용한 인과구조 해체와 그에 따른 모형의 적실성 진단 등 세 단계로 진행된다.

가. 구조방정식 설정

경로분석의 첫 단계는 모형에 포함된 인과경로를 구조방정식으로 표현하는 작업이다. 구조방정식은 인과경로(파이프)의 형상을 보다 명확히 규정해 줄 뿐만 아니라, 추후 경로의 굵기를 측정하기 위해 어떤 유형의 회귀분석을 수행할 것인가에 대한 지침이 된다. 앞의 〈그림 5-1〉 축차모형의 구조방정식을 만들어 보면,

〈식 5-1〉 3변인 축차모형의 구조방정식

▷ 구조방정식-1: $V_2 = P_{21}V_1 + P_{2u}R_u$

▷ 구조방정식-2: $V_3 = P_{31}V_1 + P_{32}V_2 + P_{3v}R_v$

위 두 개의 구조방정식에 있어서 P_{21}, P_{2u}, P_{31}, P_{32}, P_{3v} 등은 각 변인 간의 관계양상을 결정해 주는 경로계수이다.

나. 경로계수 측정

인과적 영향력이 흐르는 파이프의 존재 여부와 굵기(상관관계 심도)를 파악하기 위한 경로계수로는 **표준화된 회귀계수**standardized regression coefficient, 곧 **베타**(베타웨이트BETA weight, β)를 사용한다. 이처럼 베타를 사용해 경로계수의 크기를 추적하는 이유는 두 가지이다.

첫째, 회귀분석을 통해 종속변인의 변이양상을 예측함에 있어서 가장 중요한 추정치는 회귀계수 b이다(Y=a+bX+e). 왜냐하면 회귀계수는 설명변인과 종속변인 간의 관계양상을 결정해 주기 때문이다. 즉 회귀계수의 값이 양(+)인가 음(-)인가, 또 얼마인가에 따라 설명변인의 변이에 따른 종속변인의 변이양태가 결정된다. 앞의 중다회귀분석 결과를 보면 V_1, V_2의 회귀계수 b는 모두 양의 값(각기 0.530, 0.523)을 갖고 있고, 따라서 V_1의 값이 커질수록 V_3 값 역시 커지며, $V_2 \rightarrow V_3$의 관계도 마찬가지이다. 그러나 표준화되지 않은 회귀계수unstandardized regression coefficient로는 각 설명변인의 종속변인에 대한 상대적 영향력을 비교할 수 없다. 왜냐하면 표준화되지 않은 회귀계수는 처리되지 않은 원자료original data에 입각해 측정되기 때문이다. 따라서 종속변인에 대한 각 설명변인의 상대적 영향력을 추적할 때에는 표준편차standard deviation 단위로 재구성된 변인 값을 놓고 측정한 베타를 사용한다[$\beta = b_{ij \cdot k}(S_i/S_j)$].[43]

둘째, 베타 값은 경로계수 값과 일치하는 수리적 특성을 갖고 있다. 베타는 〈식 5-2〉에 따라 측정된다.

43 베타에 관해서는 Blalock(1972), 452-453, 베타와 경로계수의 관계에 관해서는 Asher(1976), 17-20을 참조할 것. 양변인형 단순회귀분석에 있어서는 상관계수 r과 베타가 완전히 일치한다. 왜냐하면 설명변인(X)와 종속변인(Y)의 값이 모두 표준화될 경우 회귀식의 절편(a)이 없어지기 때문에 $Y=\beta X$가 되기 때문이다. 김홍규(2002), 264.

〈식 5-2〉 베타 측정식

$$\bullet\ \beta ij\cdot k = \frac{r_{ij} - r_{ik}r_{jk}}{1 - r_{jk}^2}$$

그런데 위 〈그림 5 1〉 모형의 구소방정식 $V_3 = P_{31}V_1 + P_{32}V_2 + P_{3v}R_v$에 설명변인 V_1, V_2를 각기 곱하면,

- $V_1V_3 = P_{31}V_1^2 + P_{32}V_1V_2 + P_{3v}V_1R_v$
- $V_2V_3 = P_{31}V_1V_2 + P_{32}V_2^2 + P_{3v}V_2R_v$

여기에서 두 개의 표준화된 변인의 곱이 곧 상관관계[r_{ij}=zi*zj]이며 교란항과 설명변인이 상관관계를 갖지 않는다는 축차모형의 전제를 받아들이면,

- $r_{31} = P_{31} + P_{32}r_{21}$[44]
- $r_{32} = P_{31}r_{12} + P_{32}$

따라서 다음 〈식 5-3〉과 같은 경로계수 측정식을 도출할 수 있다.

[44] V_1^2은 V_1의 자기상관(r_{11})이므로 값은 1, 따라서 $P_{31}V_1^2 = P_{31}*1 = P_{31}$이며, $P_{32}V_2^2$도 마찬가지이다.

〈식 5-3〉 경로계수 측정식

- $P_{31} = \dfrac{r_{31} - r_{21}r_{32}}{1 - r_{21}^2}$
- $P_{32} = \dfrac{r_{32} - r_{21}r_{31}}{1 - r_{21}^2}$

이러한 P의 측정식은 바로 베타 값의 측정식과 일치한다. 이로부터 $P_{31} = \beta_{31}$, $P_{32} = \beta_{32}$라고 말할 수 있다. 경로계수는 아래와 같은 방식으로 회귀분석을 통해 측정된다.

① 구조방정식-1에 있어서 설명변인은 V_1 하나이기 때문에 V_1과 V_2에 대한 양변인 회귀분석bivariate regression을 수행하여 V_1의 경로계수인 베타 값을 측정하고, 교란항 R_u의 경로계수는 R_u의 정체를 알 수 없기 때문에 추후 다른 방식을 통해 측정한다. 가상자료를 이용한 분석결과는 아래와 같다.

〈표 5-2〉 경로계수-1

	PATH	r	r^2	경로계수(β)
$V_1 \rightarrow V_2$	P_{21}	0.949	0.835	**0.949** [V_1]

② 구조방정식-2의 경우에는 V_1, V_2 두 개의 설명변인을 포함하고 있기 때문에 중다회귀분석(V_1, $V_2 \rightarrow V_3$)을 통해 각 설명변인의 경로계수 값을 얻는다. 교란항 R_w의 경로계수 역시 R_u와 마찬가지로 다른 방식을 통해 측정한다. 가상자료를 이용한 분석결과를 보면,

〈표 5-3〉 경로계수-2

	PATH	경로계수(β)
$V_1 \rightarrow V_3$	P_{31}	0.246 [V_1]
$V_2 \rightarrow V_3$	P_{32}	0.704 [V_2]

* $r = 0.914$, $r^2 = 0.885$

③ 구조방정식-1, 2에 있어서 교란항의 경로계수, 즉 P_{2u}, P_{3v}의 베타 값은 각기 다음과 같이 측정한다.

- $P_{2u} = \sqrt{1-r_{21}^2} = \sqrt{1-0.835} = 0.406$
- $P_{3v} = \sqrt{1-r_{3.12}^2} = \sqrt{1-0.885} = 0.339$

r^2은 결정계수로서 종속변인의 총변량 가운데 설명변인에 의해 야기되는 변량의 비율(%), 곧 설명변량explained variance의 크기를 보여준다. 그런데 표준화된 변인은 분산 값 1을 갖기 때문에, $1-r^2$은 설명되지 않은 변량unexplained variance, 즉 교란항에 의해 야기되는 변량을 지칭한다. 따라서 교란항의 경로계수는 이러한 설명되지 않은 변량의 루트 값이다.

〈표 5-4〉 오차항의 경로계수

	PATH	경로계수(β)
$R_u \rightarrow V_2$	P_{2u}	0.406
$R_v \rightarrow V_3$	P_{3v}	0.339

측정한 경로계수 값을 사용하여 구조방정식을 다시 작성하면,

▷ 구조방정식-1: $V_2 = 0.949V_1 + 0.406R_u$
▷ 구조방정식-2: $V_3 = 0.246V_1 + 0.704V_2 + 0.339R_v$

다. 인과구조 해체와 모형의 적실성 진단

이렇게 얻은 경로계수를 사용해 〈그림 5-1〉 모형이 상정하고 있는 인과구조를 해체하여 과연 충분한 설명력을 확보하고 있는지 점검해 보기로 한다. 인과구조의 해체와 모형의 적실성 진단은 아래와 같은 작업을 요구한다.

- 모형이 상정하고 있는 작동변인 간의 인과경로, 곧 인과적 영향력이 흐르는 파이프의 존재를 뒷받침할 수 있는 경험적(계량통계적) 근거가 있는가?

- 작동변인 간 상관관계의 심도가 모형을 유지할 수 있을 정도로 진정하고도genuine 강한가? 다시 말해서 탈허위성을 확보하고 있는가?

- 총체적 인과구조를 구성하고 있는 작동변인 간의 인과경로는 그 굵기(상관관계)에 있어서 비슷한가 아니면 차이를 보이는가?

이러한 작업을 수행하기 위해서는 일단의 분석규준과 〈식 5-4〉를 적용해야 한다(Asher 1976, 33).

□ 경로설정규준

- 규준-A: 두 변인의 상관관계는 단순경로simple path[45]와 복합경로compound path[46]로 이루어진다. 이렇게 상관관계(r)를 경로계수(P)로 구성할 수 있는 이유는 앞의 〈식 5 3〉에 나타난 r과 P의 관계 때문이다(P는 r을 이용해 측정).

- 규준-B: 복합경로의 계수는 그러한 경로를 구성하고 있는 단순경로의 계수들을 곱한 것이다.[47]
  ($V_1 \to V_2 \to V_3$: $V_1 \to V_2$ and $V_2 \to V_3$ ➡ P_{21} * P_{32})

- 규준-C: 비순환적 경로는 같은 변인을 한 번만 통과해야 한다.

- 규준-D: 경로가 일단 변인 A로부터 B를 향해 정해진 방향(인과질서)에 따라 전개되면(순행) B로부터 C로는 인과질서를 역행할 수 없으나, 그 반대는 가능하다(순행, 역행: X, 역행, 순행: O).

- 규준-E: 어떤 변인으로부터 시작한 경로의 순환적 진행은 단 한 번만 가능하다.
  ($V_1 \to V_2 \to V_1$: O, $V_1 \to V_2 \to V_1 \to V_2 \to V_1$: X)

45 직접경로.

46 간접경로.

47 즉, V_1과 V_3 사이에 V_2를 매개로 한 간접경로가 존재한다면($V_1 \to V_2 \to V_3$). V_1의 V_3에 대한 간접적 영향력은 V_1의 V_2에 대한 영향력과 V_2의 V_3에 대한 영향력을

〈식 5-4〉 상관관계의 해체식

$$r_{ij} = \sum_{k} P_{ik} * r_{kj}$$

- i : 종속변인
- j : 설명변인
- k : i-1로부터 시작하여 1까지 내려감.

이상과 같은 규준과 〈식 5-4〉에 따라 일단 작동변인 $V_1 \to V_2$, $V_2 \to V_3$, $V_1 \to V_3$ 간의 상관관계를 해체하면,

▷ 구조방정식-1: $V_2 = P_{21}V_1 + P_{2u}R_u$

▷ 구조방정식-2: $V_3 = P_{31}V_1 + P_{32}V_2 + P_{3v}R_v$

▷ $r_{ij} = \sum_{k} P_{ik} * r_{kj}$ [식 5-4]

⇩

- $r_{21} = P_{21}r_{11} = P_{21} = 0.949$ [* $r_{11} = 1$]
- $r_{31} = P_{32}r_{21} + P_{31}r_{11} = P_{32}P_{21} + P_{31} = 0.949 * 0.704 + 0.246$ [* $r_{21} = P_{21}$, $r_{11} = 1$]
- $r_{32} = P_{32}r_{22} + P_{31}r_{12} = P_{32} + P_{31}P_{21} = 0.704 + 0.246 * 0.949$ [* $r_{22} = 1$, $r_{12} = r_{21} = P_{21}$]

여기에서 V_2와 V_3의 상관관계 r_{32}에 $P_{31}P_{21}$를 포함시킨 이유는 〈식

통합한 것이라고 볼 수 있다. 이처럼 영향력이 중첩적일 때에는 논리적 '함께(AND)'를 수리적으로 표현하는 곱셈을 이용해 두 개의 경로 값을 곱해 그 크기를 측정한다.

5-4〉에 따른 것이지만, 실질적으로 해석하자면 V_1이 V_2, V_3에 영향력을 행사하는 공통인자이기 때문이며 이는 위에서 제시한 규준-D에 위배되지 않는다. 다음으로 r_{21}, r_{31}, r_{32}를 가상자료를 사용해 측정해 보면,

〈표 5-5〉 작동변인 간의 상관계수

	V_2	V_3
V_1	0.949	0.914
V_2	1	0.938

이제 이상과 같은 작동변인 간의 상관관계를 중심으로 〈모형 5-1〉의 총체적인 인과구조를 해체하면 아래 표와 같다.

〈표 5-6〉 인과구조의 해체

<table>
<tr><td colspan="3"></td><td>$V_1 \rightarrow V_2(r_{21})$</td><td>$V_2 \rightarrow V_3(r_{32})$</td><td>$V_1 \rightarrow V_3(r_{31})$</td></tr>
<tr><td colspan="3">해체 전 상관관계</td><td>0.949</td><td>0.938</td><td>0.914</td></tr>
<tr><td rowspan="4">해체 후 상관관계</td><td rowspan="3">인과성</td><td>직접적</td><td>[P_{21}]
0.949</td><td>[P_{32}]
0.704</td><td>[P_{31}]
0.246</td></tr>
<tr><td>간접적</td><td>-</td><td>-</td><td>[$P_{21}P_{32}$]
0.668
(0.949 * 0.704)</td></tr>
<tr><td>총합</td><td>0.949</td><td>0.704</td><td>0.914</td></tr>
<tr><td colspan="2">허위성</td><td>-</td><td>[$P_{32}P_{21}$]
0.234</td><td>-</td></tr>
</table>

$r^2_{3\cdot12}$ = 0.885

위 〈표 5-6〉에 입각하여 〈그림 5-1〉 모형의 총체적 인과구조를 아래와 진단할 수 있다.

① 종속변인 V_3의 총 변량 가운데 88.5%를 V_1, V_2로 설명할 수 있기 때문에 ($r^2_{3.12}$ = 0.885) 교란항의 종속변인에 대한 인과적 영향력은 모형 내 작동변인(설명변인)들의 영향력에 비해 크게 떨어진다. 따라서 일단 적절한 설명변인들이 상정되었다는 판단을 내릴 수 있다.

② V_1-V_2, V_1-V_3, V_2-V_3사이에는 모형이 상정한 것처럼 직접경로(파이프) P_{21}, P_{31}과 P_{32}가 존재한다. 그러나 파이프들의 굵기, 곧 상관관계 심도에 있어서는 큰 차이를 보인다. 즉 P_{21}이 가장 강하고, 다음으로 P_{32}, P_{31}의 순서이다(0.949, 0.704, 0.246). 요컨대 설명변인 V_1의 V_2에 대한 직접적 영향력은 매우 강하지만(0.949) 종속변인 V_3(0.246)에 대한 직접적 영향력은 매우 약하다.

③ V_1과 V_3 사이에는 모형이 상정한 것처럼 각각 한 개의 직접경로와 간접경로가 존재한다는 것이 밝혀졌다. 그러나 직접경로에 비해 간접경로가 훨씬 굵게 나타난다(P_{21}=0.246, $P_{21}P_{32}$=0.668). 따라서 V_1은 V_3에 대해 직접 영향을 주기도 하지만 V_2를 통해 행사하는 인과적 영향력이 더욱 강하다고 말할 수 있다.

④ V_2와 V_3 사이의 상관관계는 애당초 매우 강한 것으로 나타났으나 (0.938), 해체해 본 결과 약 1/4 정도가 허위적 관계(0.234)인 것으로 밝혀졌다. 이러한 허위성은 V_2 와 V_3 모두에 영향력을 행사하는 공통인자 V_1의 소산이라고 볼 수 있다($r_{32} = P_{32} + P_{21} * P_{31}$). 그러나

이러한 허위성을 제외한다 하더라도 V_2와 V_3 사이의 직접적 상관관계는 상당한 수준에 달하고 있다(0.704).

(3) 인과경로의 해체: 분석논리의 재검토

지금까지 살펴본 경로분석의 논리를 아래 〈그림 5-3〉에 제시된 4변인 모형을 통해 다시 한 번 요약해 보기로 한다.

〈그림 5-3〉 4변인 축차모형

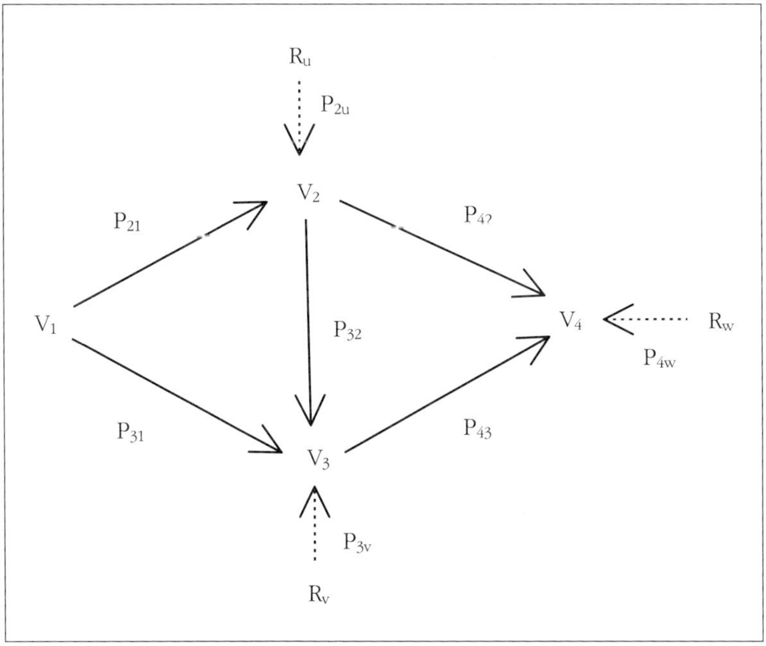

가. 구조방정식 설정

▷ 구조방정식-1: $V_2 = P_{21}V_1 + P_{2u}R_u$
▷ 구조방정식-2: $V_3 = P_{31}V_1 + P_{32}V_2 + P_{3v}R_v$
▷ 구조방정식-3: $V_4 = P_{42}V_2 + P_{43}V_3 + P_{4w}R_w$

나. 인과구조의 해체

5개의 경로로 구성된 위 모형을 앞서 제시한 경로설정규준과 〈식 5-4〉에 따라 해체하면,

- $r_{21} = P_{21}r_{11} = \mathbf{P_{21}}$ [$r_{11} = 1$]
- $r_{31} = P_{32}r_{21} + P_{31}r_{11}$ [$r_{21} = P_{21}, r_{11} = 1$]

  $= \mathbf{P_{32}P_{21} + P_{31}}$
- $r_{32} = P_{32}r_{22} + P_{31}r_{12}$ [$r_{22} = 1, r_{12} = r_{21} = P_{21}$]

  $= \mathbf{P_{32} + P_{31}P_{21}}$
- $r_{41} = P_{43}r_{31} + P_{42}r_{21} + P_{41}r_{11}$

  [$r_{31} = P_{32}P_{21} + P_{31}, r_{21} = r_{12} = P_{21}, r_{11} = 1$]

  $= P_{43}(P_{32}P_{21} + P_{31}) + P_{42}P_{21} + P_{41}$

  [P_{41}은 모형구조상 존재하지 않음]

  $= \mathbf{P_{43}P_{32}P_{21} + P_{43}P_{31} + P_{42}P_{21}}$
- $r_{42} = P_{43}r_{32} + P_{42}r_{22} + P_{41}r_{12}$

  [$r_{32} = P_{32} + P_{31}P_{21}, r_{22} = 1, r_{12} = r_{21} = P_{21}$]

  $= P_{43}(P_{32} + P_{31}P_{21}) + P_{42} + P_{41}P_{21}$

  $= P_{43}P_{32} + P_{43}P_{31}P_{21} + P_{42} + P_{41}P_{21}$

  [P_{41}은 모형구조상 존재하지 않음]

  $= \mathbf{P_{43}P_{32} + P_{43}P_{31}P_{21} + P_{42}}$

$$
\begin{aligned}
\bullet\ r_{43} &= P_{43}r_{33} + P_{42}r_{23} + P_{41}r_{13} \\
&\qquad [r_{33}= 1,\ r_{23} = r_{32} = P_{32} + P_{31}P_{21}, \\
&\qquad r_{13} = r_{31} = P_{32}P_{21} + P_{31}] \\
&= P_{43} + P_{42}(P_{32} + P_{31}P_{21}) + P_{41}(P_{32}P_{21} + P_{31}) \\
&= P_{43} + P_{42}P_{32} + P_{42}P_{31}P_{21} + P_{41}P_{32}P_{21} + P_{41}P_{31} \\
&\qquad [P_{41}\text{은 모형구조상 존재하지 않음}] \\
&= \mathbf{P_{43} + P_{42}P_{32} + P_{42}P_{31}P_{21}}
\end{aligned}
$$

변인 간 상관관계		경로구성
작동변인 → 작동변인	$V_1 \rightarrow V_2$: r_{21}	P_{21}
	$V_1 \rightarrow V_3$: r_{31}	$P_{32}P_{21} + P_{31}$
	$V_1 \rightarrow V_4$: r_{41}	$P_{43}P_{32}P_{21} + P_{43}P_{31} + P_{42}P_{21}$
	$V_2 \rightarrow V_3$: r_{32}	$P_{32} + P_{31}P_{21}$
	$V_2 \rightarrow V_4$: r_{42}	$P_{43}P_{32} + P_{43}P_{31}P_{21} + P_{42}$
	$V_3 \rightarrow V_4$: r_{43}	$P_{43} + P_{42}P_{32} + P_{42}P_{31}P_{21}$
교란항 → 작동변인	$R_u \rightarrow V_2$: r_{2u}	$P_{2u} = \sqrt{1-r_{21}^2}$
	$R_v \rightarrow V_3$: r_{3v}	$P_{3v} = \sqrt{1-r_{3.12}^2}$
	$R_w \rightarrow V_4$: r_{4w}	$P_{4w} = \sqrt{1-r_{4.23}^2}$

<table>
<tr><th colspan="3"></th><th>$V_1 \rightarrow V_2$</th><th>$V_1 \rightarrow V_3$</th><th>$V_1 \rightarrow V_4$</th></tr>
<tr><td colspan="3">해체 전 상관관계</td><td>r_{21}</td><td>r_{31}</td><td>r_{41}</td></tr>
<tr><td rowspan="7">해체 후 상관 관계</td><td rowspan="6">인과성</td><td>직접적</td><td>P_{21}</td><td>P_{31}</td><td>-</td></tr>
<tr><td rowspan="3">간접적</td><td rowspan="3">-</td><td rowspan="3">$P_{32}P_{21}$</td><td>$P_{42}P_{21}$</td></tr>
<tr><td>$P_{43}P_{31}$</td></tr>
<tr><td>$P_{43}P_{32}P_{21}$</td></tr>
<tr><td rowspan="2">총합</td><td rowspan="2">P_{21}</td><td rowspan="2">$P_{31} +$
$P_{32}P_{21}$</td><td rowspan="2">$P_{42}P_{21} +$
$P_{43}P_{31} +$
$P_{43}P_{32}P_{21}$</td></tr>
<tr></tr>
<tr><td colspan="2">허위성</td><td>-</td><td>-</td><td>-</td></tr>
</table>

<table>
<tr><td colspan="3"></td><td>$V_2 \rightarrow V_4$</td><td>$V_3 \rightarrow V_4$</td></tr>
<tr><td colspan="3">해체 전 상관관계</td><td>r_{42}</td><td>r_{43}</td></tr>
<tr><td rowspan="4">해체 후
상관관계</td><td rowspan="3">인과성</td><td>직접적</td><td>P_{42}</td><td>P_{43}</td></tr>
<tr><td>간접적</td><td>$P_{43}P_{32}$</td><td>-</td></tr>
<tr><td>종합</td><td>P_{42} +
$P_{43}P_{32}$</td><td>P_{43}</td></tr>
<tr><td colspan="2">허위성</td><td>$P_{43}P_{31}P_{21}$</td><td>$P_{42}P_{32}$ +
$P_{42}P_{31}P_{21}$</td></tr>
</table>

이렇게 해체된 인과구조를 구성하고 있는 각 경로의 계수를 앞의 (2)항에서 논의한 절차에 따라 측정함으로써 작동변인→작동변인, 교란항→작동변인 간에 상정된 인과경로의 형상과 인과적 영향력의 심도를 추적·비교할 수 있다. 또한 측정된 경로계수 값을 모두 합하여 V_1의 V_4에 대한 총체적 영향력을 파악할 수도 있다($r_{ij} = \sum_k P_{ik}\ r_{kj}$).

2. 비축차모형의 검증

(1) 구조방정식의 설정과 식별

비축차모형은 인과구조의 **식별**identification, 곧 구조적 모수(예컨대 경로계수)의 확정이 축차모형에 비해 까다롭기 때문에 검증과정 역시 상당히 복잡하다. 특히 구조방정식이 식별에 요구되는 정보를 충분히 제공하지 못한다면 모형구조를 조정해야 한다.

축차모형의 식별은 앞서 논의한 바와 같이 ① 작동변인 간의 상관계수, 그리고 ② 교란항 간의 상관관계에 대한 제약조건 하에서 진행된다(**계수 및 공변제약**coefficient and covariance restrictions). 즉, 작동변인 간의 상관계수 가운데 적어도 절반은 0이어야 한다(Asher 1976, 50). 예로서 V_1과 V_2의 상관관계를 놓고 볼 때 일단 $V_1 \rightarrow V_2$라는 일방적 경로(P_{21})를 상정하면($V_1 = a + bV_2$, $r_{21} \neq 0$) 그 역인 $V_2 \rightarrow V_1$(P_{12})은 불가능하며($r_{12}=0$), 따라서 존재할 수 있는 두 개의 상관계수 r_{21}, r_{12} 가운데 절반인 한 개의 상관계수가 0이다. 또한 교란항-교란항, 그리고 어떤 교란항-그러한 교란항과 연결된 설명변인 외의 다른 설명변인 간에 상관관계가 전혀 없다고 가정한다.

그러나 비축차모형은 작동변인 간의 순환적 인과관계뿐만 아니라($V_1 \leftrightarrows V_2$) 교란항 간의 상관관계 역시 상정하기 때문에 축차모형과 동일한 제약조건이 적용될 수 없고, 이에 따라 구조방정식의 수가 경로계수의 값을 측정하기에 부족하다는 문제, 곧 **과소식별**underidentification의 문제가 발생한다. 이러한 과소식별의 문제를 애셔(H. Ahser)가 제시한 간단한 예(Asher 1976, 49-50)를 통해 살펴보면,

〈식 5-5, 5-6〉 과소식별의 예

- 식 5-5: $2X + 3Y = 7$
- 식 5-6: $4X + 6Y = 14$

위 〈식 5-5〉와 〈식 5-6〉을 통해 고정된 X, Y 값을 얻기란 불가능하다. 왜냐하면 X, Y 값이 무한히 변할 수 있기 때문이다(X Y = 2 1, 3.5 0...). 따라서 이 두 식은 X 값, Y 값 등 두 개의 값을 확정하기에

충분하지 못한 정보를 제공하는 과소식별체계underidentified system를 구성하고 있다고 말할 수 있다. 그러나 얻으려 하는 값의 수와 그러한 값을 확정하기에 충분한 정보를 제공하는 식의 수가 일치하면 **적정식별**exact identification이 이루어진다(아래 〈식 5-7, 5-8〉 참조).

〈식 5-7, 5-8〉 적정식별의 예

- 식 5-7: $2X + 3Y = 7$
- 식 5-8: $X - 4Y = -2$

즉, 〈식 5-7〉과 〈식 5-8〉을 통해 $X = 2$, $Y = 1$이라는 값을 쉽게 확정할 수 있기 때문에 이들은 적정식별체계identified system를 구성한다. 다시 말해서 이 두 식은 두 개의 알 수 없는 값(X, Y)을 얻기 위해 필요한 정보를 완벽하게 제공하고 있다. 이제 〈그림 5-4〉에 나타난 3변인 비축차모형을 통해 식별의 문제와 해결방식을 구체적으로 논의해 보도록 한다.

〈그림 5-4〉 3변인 비축차모형

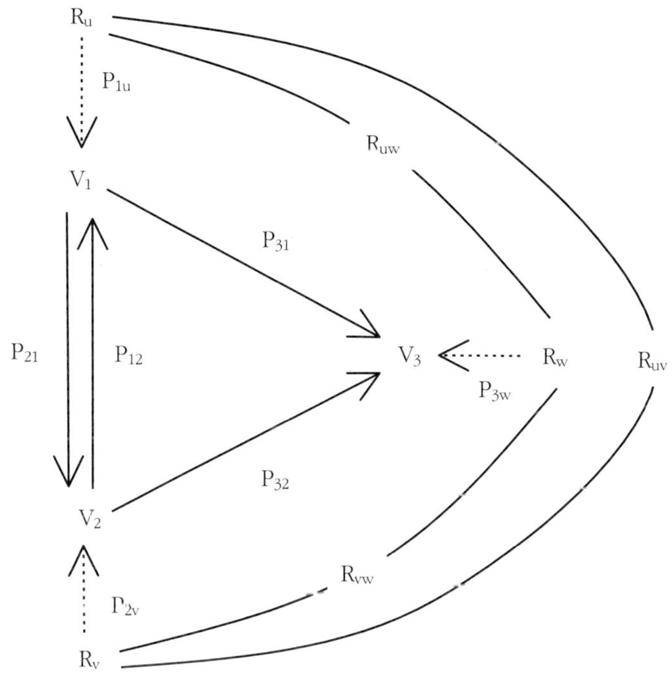

- 구조방정식-1: $V_1 = P_{12}V_2 + P_{1u}R_u$
- 구조방정식-2: $V_2 = P_{21}V_1 + P_{2v}R_v$
- 구조방정식-3: $V_3 = P_{31}V_1 + P_{32}V_2 + P_{3w}R_w$

(2) 비축차모형의 식별조건

비축차모형의 인과구조를 식별하기 위해서는 축차모형의 경우와 다른 두 가지 제약조건을 부여한다.

가. 차수조건

첫 번째 제약조건은 **차수조건**order condition이다. 차수조건은 원칙적으로 식별의 필요조건necessary condition이나 실제 연구에서는 필요충분조건necessary and sufficient condition으로 받아들여지고 있다(Asher 1976, 52; Gujarati 2000, 707).

> **▷ 차수조건**
>
> ① 모형이 k개의 선형방정식으로 구성되어 있을 때 한 방정식이 식별되기 위해서는 모형에 상정된 작동변인의 총수로부터 적어도 k-1개의 변인이 제거되어야 한다. 즉, 3개의 선형방정식을 얻는다면 각 방정식에서 2개(3-1)의 작동변인이 제거될 때 식별이 이루어진다.
>
> ② 만약 어떤 방정식에서 정확히 k-1개의 변인이 제거되면 그 방정식은 적정식별되며, 그보다 많은 변인이 제거되면 과잉식별된다.

차수조건의 충족여부는 행렬matrix을 이용해 손쉽게 확인할 수 있다. 예로서 〈그림 5-4〉 구조방정식의 교란항을 등호의 왼쪽으로 옮기고 오른 쪽에 설명변인을 V_1으로부터 V_3까지 순차적으로 나열한 후(〈식 5-9〉), 경로계수만을 원소로 삼은 행렬을 만들면 아래 〈식 5-10〉과 같다.

〈식 5-9〉 3변인 비축차모형에 있어서 교란항의 구조방정식

- 교란항의 구조방정식-1: $P_{1u}R_u = V_1 - P_{12}V_2$
- 교란항의 구조방정식-2: $P_{2v}R_v = -P_{21}V_1 + V_2$
- 교란항의 구조방정식-3: $P_{3w}R_w = -P_{31}V_1 - P_{32}V_2 + V_3$

〈식 5-10〉 설명변인별 경로계수의 행렬

	V_1	V_2	V_3
구조방정식-1	1	$-P_{12}$	0
구조방정식-2	$-P_{21}$	1	0
구조방정식-3	$-P_{31}$	$-P_{32}$	1

위 행렬에 따르면 3개의 구조방정식 가운데 어떤 것도 식별될 수 없고, 따라서 제대로 된 경로계수를 측정할 수 없다. 차수조건에 따르면 각 구조방정식에 있어서 적어도 2개의 변인(k-1 = 3-1 = 2)이 제거되어야 하기 때문이다. 그러나 구조방정식-1, 2에서는 V_3 단 한 개가, 그리고 구조방정식-3에서는 아무 것도 제거되지 않음에 따라 차수조건이 충족되지 않고 있다. 결국 이 모형은 과소식별모형underidentified model으로 판명된다.

나. 계수조건

두 번째 제약조건은 식별의 필요충분조건인 **계수조건**rank condition이며, 다음과 같이 규정된다(Asher 1976, 53-54).

▷ **계수조건**

경로계수의 행렬을 놓고,

① 각 식(행)에 있어서 0이 아닌 원소에 해당되는 열을 모두 제거하고,

② 바로 그 행에 포함된 원소들을 모두 제거한 후, 0이 아닌 2×2 행렬식determiant [det(A) ≠ 0]이 적어도 한 개 포함되어 있다면 그 구조방정식은 식별(적정식별 또는 과잉식별)된다.

※ **행렬식**[48]

n차의 정방행렬 $A = [a_{ij}](i, j = 1, 2,...n)$의 행렬식은 $|A|$ 혹은 det(A)로 표현 되며, $det(A) = \Sigma(\pm)a_{1j_1}\ a_{2j_2}...a_{nj_n}$으로 정의된다. 1차행렬([a])의 행렬식은 원소 자체이고(det(a)=a), 2차행렬의 행렬식은 $det(A) = \begin{bmatrix} a_{11} & a_{12} \\ a_{21} & a_{22} \end{bmatrix} = a_{11}\ a_{22} - a_{12}\ a_{21}$이다.

이러한 절차를 통해 만약 0이 아닌 행렬식이 전혀 없다면 그 구조방정식은 과소식별되고, 두 개 이상 나타나면 과잉식별overidentification된다. 예로서 구조방정식-1의 식별여부를 점검하면,

48 보다 상세한 행렬식 계산에 관해서는 정필권(1995), 42-47 등 경제수학 관련서적에 상세히 소개되어 있다.

①의 적용

	V_1	V_2	V_3
구조방정식-1	1	$-P_{12}$	0
구조방정식-2	$-P_{21}$	1	0
구조방정식-3	$-P_{31}$	$-P_{32}$	1

②의 적용

	V_1	V_2	V_3
구조방정식-1	1	$-P_{12}$	0
구조방정식-2	$-P_{21}$	1	0
구조방정식-3	$-P_{31}$	$-P_{32}$	1

①, ②를 적용한 후 남는 것은 $\begin{bmatrix} 0 \\ 1 \end{bmatrix}$이며, 따라서 이 행렬식은 분명 0이기 때문에 구조방정식-1은 과소식별 상태에 빠져있다. 왜 행렬식이 0일 때 과소식별 현상이 발생하는가는 앞의 〈식 5-5〉~〈식 5-8〉을 통해 파악할 수 있다. 우선 〈식 5-5〉와 〈식 5-6〉은 이미 살펴본 것처럼 과소식별체계를 구성하고 있는데, 행렬을 만들어 보면 아래와 같다.

- 식 5-5: $2X + 3Y = 7$
- 식 5-6: $4X + 6Y = 14$

$$\Downarrow$$

$$\begin{bmatrix} 2 & 3 \\ 4 & 6 \end{bmatrix}$$

따라서 행렬식 $det = (2 \times 6) - (3 \times 4) = 0$이기 때문에 이 식들이

과소식별체계를 이루고 있음이 다시 확인된다. 그러나 식별체계인 〈식 5-7〉과 〈식 5-8〉을 보면,

- 식 5-7: $2X + 3Y = 7$
- 식 5-8: $X - 4Y = -2$

⇩

$$\begin{bmatrix} 2 & 3 \\ 1 & -4 \end{bmatrix}$$

따라서 행렬식은 $d = (2 \times -4) - (1 \times 3) = -11$, 즉 0이 아님을 알 수 있다.

(3) 과소식별모형의 조정: 도구변인의 구축

과소식별 문제는 모형구조에 변인을 추가함으로써 해결될 수 있다. 즉, 순환경로를 구성하고 있는 작동변인(내생변인)에 새로운 외생변인을 연결시켜 구조방정식의 식별성을 확보한다. 〈그림 5-5〉는 〈그림 5-4〉 모형에 두 개의 외생변인 V_4와 V_5를 더한 모형이다. 이러한 변인의 추가는 견고한 이론적 근거를 확보해야 하는 동시에 두 가지 요건을 충족시켜야 한다. 즉, 이들은

① 반드시 외생변인이며 내생변인에 연결된 교란항과 일체의 상관관계를 갖지 않아야 한다.
② 연결된 내생변인과 강한 상관관계를 가져야 한다. 추가된 외생변인의 내생변인에 대한 영향력이 미약하거나 아예 없다면 비록 식

별은 가능하다 하더라도 모형구조 자체가 붕괴된다.

위의 요건을 충족시키기 위해서는 애당초 연구설계를 구상할 때 변인을 더할 가능성을 염두에 두어야 한다. 즉, 비축차모형을 설정했다면 구조방정식이 과소식별될 경우에 대비해 추가할 변인을 적절한 이론적 시각에 따라 선정하고, 그 값을 미리 측정해 둘 필요가 있다.

〈그림 5-5〉 새로운 외생변인이 추가된 비축차모형

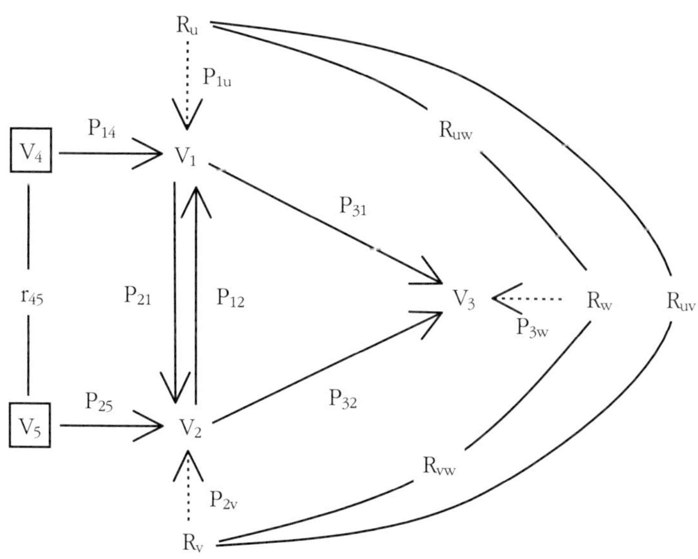

▷ V_4, V_5: 새롭게 추가된 외생변인

- 구조방정식-1: $V_1 = P_{14}V_4 + P_{12}V_2 + P_{1u}R_u$
- 구조방정식-2: $V_2 = P_{25}V_5 + P_{21}V_1 + P_{2v}R_v$
- 구조방정식-3: $V_3 = P_{31}V_1 + P_{32}V_2 + P_{3w}R_w$

〈그림 5-5〉 모형에는 외생변인 V_4, V_5가 각기 V_1, V_2와 직접경로를 통해 연결되어 있다. 이처럼 조정된 모형이 차수조건과 계수조건을 충족시키고 있는지 점검해 보면 아래 〈식 5-11〉, 〈식 5-12〉와 같다.

〈식 5-11〉 조정된 비축차모형에 있어서 교란항의 구조방정식

- 교란항의 구조방정식-1: $P_{1u}R_u = V_1 - P_{12}V_2 - P_{14}V_4$
- 교란항의 구조방정식-2: $P_{2v}R_v = -P_{21}V_1 + V_2 - P_{25}V_5$
- 교란항의 구조방정식-3: $P_{3w}R_w = -P_{31}V_1 - P_{32}V_2 + V_3$

〈식 5-12〉 설명변인별 경로계수의 행렬

	V_1	V_2	V_3	V_4	V_5
구조방정식-1	1	$-P_{12}$	0	$-P_{14}$	0
구조방정식-2	$-P_{21}$	1	0	0	$-P_{25}$
구조방정식-3	$-P_{31}$	$-P_{32}$	1	0	0

우선 차수조건에 따르면 각 구조방정식에서 적어도 2개의 변인 (k-1=2, k는 구조방정식의 수)이 제거되어야 하는데, 위 〈식 5-12〉는 조정된 모형이 이 조건을 충족시키고 있음을 보여준다. 즉, 구조방정식-1에서는 V_3, V_5, 구조방정식-2에서는 V_3, V_4, 구조방정식-3에서는 V_4, V_5 등 각 두 개의 변인이 제거되고 있다. 따라서 이 세 개의 방정식은 모두 적정식별된다. 차수조건의 충족여부는 아래와 같이 간단한 또 하나의 방식을 통해 확인될 수 있다.

① 순환경로를 표현한 각 구조방정식에 있어서 설명변인의 수(G)를

센다.

② 추가된 외생변인의 수(H)를 센다

③ H≥G 일 경우에는 적정식별되며, H<G일 때에는 과소식별된다.

이러한 방법을 〈그림 5-5〉 모형에 적용해 보면, 순환경로를 구성하고 있는

- 구조방정식-1: $V_1 = P_{14}V_4 + P_{12}V_2 + P_{1u}R_u$
- 구조방정식-2: $V_2 = P_{25}V_5 + P_{21}V_1 + P_{2v}R_v$
- 구조방정식-3: $V_3 = P_{31}V_1 + P_{32}V_2 + P_{3w}R_w$

에 있어서 설명변인은 모두 두 개이다(G=2, 즉 구조방정식-1: V_4, V_2, 구조방정식-2: V_5, V_1, 구조방정식-3: V_1, V_2). 또한 외생변인의 수는 모두 2(H=2, V_4 V_5)이며, 따라서 G=H가 되어 두 방정식 모두 식별됨을 알 수 있다.

다음으로 계수조건을 적용해 보면 구조방정식-1, 2는 모두 0이 아닌 2×2 행렬식을 한 개씩 갖고 있기 때문에 적정식별된다. 즉, 구조방정식-1은 $\begin{bmatrix} 0 & -P_{25} \\ 1 & 0 \end{bmatrix}$이고, 구조방정식-2는 $\begin{bmatrix} 0 & -P_{14} \\ 1 & 0 \end{bmatrix}$이다. 구조방정식-3에 역시 계수조건을 적용하면 $\begin{bmatrix} -P_{14} & 0 \\ 0 & -P_{25} \end{bmatrix}$이기 때문에 이 역시 0이 아닌 2×2 행렬식을 한 개 얻을 수 있고, 따라서 구조방정식 -1, 2와 마찬가지로 적정식별됨을 알 수 있다.

(4) 2SLS를 통한 구조방정식 계수측정

외생변인을 추가하여 식별된 비축차모형에 있어서 구조방정식의 계수측정은 **2SLS**two-stage least squares, 곧 두 차례에 걸친 OLS의 적용을 통해 이루어진다. 〈그림 5-5〉 모형의 $r_{1\cdot24}(V_2, V_4 \rightarrow V_1)$와 $r_{2\cdot15}(V_1, V_5 \rightarrow V_2)$를 한 번의 OLS 회귀분석을 통해 측정할 수는 없다. 왜냐하면 V_1은 R_u, V_2는 R_v와 상관관계를 갖고 있고, 따라서 R_u와 R_v 역시 상관관계를 갖게 되기 때문이다. V_1과 V_2 간의 순환경로에 관한 구조방정식을 보면,

- 구조방정식 1: $\mathbf{V_1} = P_{14}V_4 + P_{12}\mathbf{V_2} + P_{1u}R_u$
  [종속변인 = 설명변인 1 + 설명변인 2 + 오차항]
- 구조방정식 2: $\mathbf{V_2} = P_{25}V_5 + P_{21}\mathbf{V_1} + P_{2v}R_v$
  [구조방정식-1의 설명변인 2 = 설명변인 1 + 구조방정식-1의 종속변인 + 오차항]

이처럼 구조방정식-1의 설명변인 V_2는 구조방정식-2의 종속변인이며, 구조방정식-2의 설명변인 V_1은 구조방정식-1의 종속변인이다. 따라서 두 구조방정식의 오차항 R_u와 R_v는 상관관계를 가질 수밖에 없고(Cov[Ru Rv]≠0), 이는 OLS의 전제에 위배된다. 이러한 문제를 해결하기 위해서는 아래와 같이 두 단계에 걸친 OLS 회귀분석을 수행함으로써 오차항의 상관성에 따른 교란효과를 배제한 새로운 V_1, V_2, 곧 **도구변인**instrumental variable을 만들어 왜곡되지 않은 상관계수(경로계수)를 측정하는 방법을 사용한다.

① 1단계

모든 내생변인(V_1, V_2)을 종속변인으로, 모든 외생변인(V_4, V_5)을 설명변인으로 상정한 1차 OLS 회귀분석을 수행하여(V_4, $V_5 \rightarrow V_1$ / V_4, $V_5 \rightarrow V_2$) 도구변인 $\widehat{V}_1$, $\widehat{V}_2$를 만든다. 즉,

- $\widehat{V}_1 = b_{14}V_4 + b_{15}V_5$
- $\widehat{V}_2 = b_{24}V_4 + b_{25}V_5$

V_4와 V_5는 오차항 R_u, R_v와 상관관계를 갖지 않기 때문에 그 선형적 효과의 소산인 $\widehat{V}_1$, $\widehat{V}_2$는 당연히 R_u, R_v의 영향력으로부터 자유롭게 된다.

② 2단계

V_1, V_2를 새롭게 만든 도구변인들로 대체하여 아래와 같이 2차 OLS 회귀분석을 수행한다.

- $V_1 = b_{14}V_4 + b_{12}\widehat{V}_2 + R_u$
- $V_2 = b_{25}V_5 + b_{21}\widehat{V}_1 + R_v$

이처럼 ①, ② 단계에 걸쳐 왜곡되지 않은 상관계수 $r_{1\cdot24}$, $r_{2\cdot15}$를 얻은 후 앞서 다룬 상관관계의 해체논리를 적용하여 경로분석을 진행한다.

실제 연구에 있어서 축차모형과 비축차모형의 검증작업은 AMOS

(*Analysis of Moment Structures*)나 LISREL(*Linear Structure Relation*)과 같은 통계분석 패키지를 사용해 이루어진다. 이러한 패키지들의 사용 방법은 관련 매뉴얼(송지준 2009; 배병렬 2006)에 상세히 소개되어 있기 때문에 이 책에서는 다루지 않기로 한다.

[주요 용어]

계수 및 공변 제약 coefficient and covariance restrictions	①작동변인 간의 상관계수 가운데 적어도 절반은 0이며, ②교란항 간의 상관관계가 없고, ③ 교란항과 그러한 교란항이 연결된 변인 외 다른 설명변인 사이에 상관관계가 없어야 한다는 축차모형의 식별조건.
계수조건 rank condition	경로계수의 행렬을 놓고 ①각 식(행)에 있어서 0이 아닌 원소에 해당되는 열을 모두 제거하고, ② 다시 그 행을 제거했을 때 0이 아닌 2×2 행렬식이 적어도 한 개 포함되어 있어야 한다는 비축차모형의 식별조건.
도구변인 instrumental variable	과소식별모형을 식별모형으로 전환하기 위해 외생변인을 추가하여 값이 조정된 설명변인.
베타 beta	표준화된 회귀계수standardized regression coefficient. 경로분석에 있어서 경로계수로 간주됨.
식별 identification	인과모형의 구조적 모수(경로계수) 확정. 구조방정식이 구조적 모수를 측정하기에 충분한 정보를 제공하는 경우를 적정식별exact identificaton, 부족한 경우를 과소식별underidentification, 중복적 정보를 제공하는 경우를 과대식별overidentification이라 칭함.
OLS ordinary least squares	통상최소자승법. 선형회귀분석에 있어서 종속변인의 실 값(Y)과 예측 값($\hat{Y}$)의 차이, 즉 오차의 제곱의 합[$\Sigma e^2 = \Sigma(Y_i-\hat{Y}_i)^2$] 이 최소화되도록 함으로써 왜곡되지 않은 회귀계수를 측정하는 방법.
중다공선성 multi-collinearity	회귀모형에 있어서 설명변인(독립변인) 간의 상관관계, 곧 선형종속성linear dependency으로서 회귀계수의 왜곡을 야기하는 인자.

차수조건 order condition	모형이 k개의 선형방정식으로 구성되어 있다 할 때, 각 방정식이 포함하고 있는 작동변인의 총수로부터 적어도 k-1개의 변인을 제거할 수 있어야 한다는 식별조건.
2SLS two-stage least squares	외생변인을 추가해 식별된 모형의 구조적 모수를 2단계에 걸쳐 측정하는 방법. 제1단계에서 모든 내생변인과 외생변인의 OLS 회귀분석을 통해 도구변인을 만든 후, 제2단계에서 도구변인과 종속변인을 OLS 회귀분석함으로써 왜곡되지 않은 구조적 모수를 측정함.

VI

결론: ‘시계모형’의 이완[49]

49 이 부분은 필자의 저서 『과학패권과 과학 민주주의』(서울: 서강대학교출판부, 2009)의 제4장 “분석모형, 방법론적 실존과 과학전체주의”의 내용을 일부 발췌하여 재구성한 것임을 밝혀 둔다.

과학적 연구에 있어서 모형의 설계는 현실세계에 대한 관측정보를 재조합하는 작업이라고 말할 수 있다. 즉, 과학자는 연구대상에 관한 정보를 특정한 유리스틱[50]의 인식기제를 통해 획득하여 모형의 형태로 조형함으로써 가공적 현실을 구축한다. 앞서 논의한 모형설계의 전제, 요건과 구체적 방식은 모두 이러한 가공적 현실을 만들어내기 위한 경험과학적 유리스틱의 지침들이다. 물론 모형이 강력한 설명력과 예측력을 발휘할 때 가공적 현실과 현실세계의 상호조응성이 확대된다. 그러나 모형의 설명력과 예측력은 일정한 범주 내에서만 확보될 수 있는 잠정성과 유동성을 벗어나지 못한다. 바꾸어 말해서, 항상 설명과 예측에 성공하는 모형은 존재하지 않고, 또 설명력과 예측력의 수준 역시 적용대상에 따라 상당한 변이를 나타낸다. 요컨대 모형의 적실성은 본질적으로 상황종속적인 것이기 때문에 모든 모형은 열려 있고, 불확정적이며, 따라서 변동가능성을 함축하고 있다.

지금까지 진행된 경험과학적 사회과학연구는 이러한 모형의 불확정성이 야기하는 문제들을 단순화 가정을 통해 해결하여 왔다.

> ...인과적 사고는 완전히 논리의 영역에 속하며, 따라서 인과법칙을 경험적으로 증빙하기란 불가능하다. 그렇다고 해서 인과적으로 사고하거나 우회적으로 검증될 수밖에 없는 인과모형을 구축하는 것이 쓸모없는 일이라는 뜻은 아니다. 단지 이러한 인과모형을 갖고 연구를 진행할 때에는 일단의 **검증불가능한 단순화 가정**을 수용해야 하며, 그래서 비록 어떤 모형이 옳은 예측을 했다 해도 그 모형이 옳다고 단정할 수 없다는 점을 강조하고 싶을 따름이다...(Blalock 1965, 6-7).

50 서론의 각주 3) 재참조.

단순화 가정을 수용한 가장 대표적인 모형설계지침은 모형의 잠정성과 유동성(불확정성)을 외부인자, 곧 모형에서 제외된 설명변인의 교란효과로 간주하라는 것이다. 즉, 설계자는 이론적·선험적 판단에 따라 소수의 '주요 변인major variables'만을 작동변인으로 선정하되, 누락된 설명변인들은 모두 집합적 교란항으로 처리한다. 이러한 '실질적 지침practical guide'은 제VI장에서 다룬 모형설계의 요건(특히 요건-3)을 명백히 위배하는 것임에도 불구하고 "분석논리와 실제 조사연구의 본연적 간극an inherent gap between the languages of theory and research"(Blalock 1964, 5)으로 인해 받아들일 수밖에 없는 것으로 간주된다.

모형설계는 또한 몇 가지 방법론적 합의를 기반으로 진행된다. 첫째, 특정한 인식기제와 절차를 통해 관측의 상황종속성을 제어함으로써 획득정보의 신뢰성reliability[51]을 높일 수 있다는 합의이다. 둘째, 경험적 정보의 타당한 조합방식(해석방식)이 존재한다는 것이다. 예컨대 제II장에서 논의한 인과추론척도는 모형이 지향하는 설명과 예측을 위한 정보의 논리적 조합을 위한 지침들이다. 셋째, 이러한 기제, 척도와 지침들은 모두 타당성이 광범위하게 인증되고 있다는 것이다. 이러한 합의에 따라 같은 현상에 대한 다른 모형들의 병치倂置가 용인되고, 모형의 상대적 적실성은 예측성공률에 따라 판정된다. 다시 말해서 모형의 적실성은 방법론적 가정과 합의를 통해 확보된다.

그러나 모형은 어디까지나 유리스틱에 입각한 이론적 기대의 소산

[51] 어떤 척도나 방법을 통한 측정결과가 변이오차(variable error)를 갖는 정도. 안정성(stability)과 내적 일관성(internal consistency) 등 두 가지 맥락에서 점검됨. 김웅진·김지희(2005), 151-156 참조.

이라는 점에 유의해야 한다. 모형이 투사하려 하는 현상의 구성인자들과[52] 그들 간의 연계구조[53]는 이미 유리스틱에 의해 상정되어 있다. 따라서 모형의 설계와 검증은 경험적 정보가 이와 같은 선험적 구조에 상응하여 체계적으로 배열될 수 있으리라는 기대의 구현가능성을 추적하는 작업이며, 바로 그렇기 때문에 설명적이라기보다는 서술적descriptive 성격을 갖는다. 바꾸어 말해서 모형의 검증은 작동변인 간의 연계구조가 사후관측을 통해 방법론적으로 가공될 수 있는가에 초점을 맞추고 있으며, 각 변인의 본연적 속성이나 표출양식을 규정함에 있어서는 유리스틱이 인증하고 있는 정의definition[54]를 액면 그대로 수용할 뿐이다. 즉, 모형설계에 있어서 작동변인의 교차사례적 이질성[55]은 관측경험의 방법론적 처치, 곧 합의된 분석규준에 따라 고도의 측정타당성measurement validity[56]이 확보된 정보전달매체의 사용을 통해 축소된다.

물론 방법론적으로 획일화된 매체를 통해 관측경험의 변이를 어느 정도 축소할 수는 있다. 그러나 위에서 지적한 바와 같이 모형은 본질적으로 서술기제이기 때문에 단지 관측경험의 방법론적 처치를 통해 모형의 불확정성을 제거하기란 불가능하다. 즉, 본연적 개방성으로부

52 작동변인.

53 인과경로 내지는 총제적 인과구조.

54 대부분의 경우 맥락정의(contextual definition)로부터 조작정의(operational definition)에 이르기까지 모든 단계에서의 정의가 수용된다.

55 각 변인이 모형이 적용되는 공간적·시간적(역사적) 사례에 따라 표출하는 이질성을 지칭함. 예컨대 '정치불안정'이라는 작동변인이 한국, 영국과 소말리아에서 달리 표출하는 속성.

56 측정지표들이 측정하려는 속성을 정확히 측정할 수 있는 수준.

터 야기되는 서술의 유동성은 모형으로 전이된다. 보인튼(G. Boynton)에 따르면,

> ...서술이란 대상[의 존재양식]에 관한 진술작업을 지칭한다. 즉, 서술은 설명하려는 구체적 현상들에 초점을 맞추고 있기 때문에 특정한 시간적·공간적 맥락 속에서 이루어지며, 따라서 보편성이 떨어진다...어떤 현상을 서술하는 방식은 **잠재적으로 무한**하다 potentially infinite. 이러한 잠재적 무한성은 대개의 경우 서술자의 목적에 따라 제어되며 이는 서술의 정밀성을 판정하기 위한 척도 역시 서술자의 고유한 의도에 따라 구축된다는 것을 함의한다...[57]

서술의 개방성은 작동변인 간의 관계구조를 설정함에 있어서 심각한 문제를 야기한다. 인과모형의 설계는 제IV장 2절에서 논의한 것처럼 구조방정식의 모수가 일정 기간 변동하지 않을뿐더러(정상성/정류성) 작동변인의 측정 값이 평형상태를 유지해야 한다는 방법론적 요건에 기반을 두고 있는데, 이는 관측과 서술의 불가피한 상황종속성과 배치된다. 이처럼 모형의 인과구조는 어디까지나 조건적이자 가정적이기 때문에 모든 모형은 현실상황 속에서 예측에 실패할 가능성을 함축하고 있다. 바꾸어 말해서 모형은 방법론적 조건과 상이한 현실상황 속에서의 예측을 애당초 상정하지 않고 있으며, 이에 따라 방법론적 실존methodological reality인 모형이 다시 방법론적 실존을 예측한다는 무한회귀infinite regression 현상이 노정된다. "X가 얼어붙은 후 Y가 움직이기 시작하면 X를 원인으로, Y를 결과로 간주한다"는 규준[58]은

[57] [ ] 속의 말은 이해를 돕기 위해 저자가 삽입한 것임.

[58] 제II장 3절 참조.

인과관계의 논리적 추론척도에 맞추어 현실을 방법론적으로 가공하라는 방법론적 제안에 불과하다. 모형은 본질적으로 투사대상의 표출양상에 관한 설계자의 주장argument 혹은 '이야기story-telling'일 뿐이며, 모형과 현실의 상호조응성 역시 방법론적 실존 속에서만 확보될 수 있다.

이와 같이 모든 모형은 타당한 이야기 방식, 곧 인증된 분석규준과 서술기제에 따라 구축되며, 그러한 기제는 가공적 실존을 구성하는 핵심인자의 선정방식, 선정된 인자를 표시하기 위한 정보의 선별방식, 정보와 모형구조의 조응성을 판정하기 위한 척도의 구축방식을 포괄하는 강력한 유리스틱에 입각하여 구축된다. 따라서 모든 이야기는 유리스틱이 제공하는 기제를 통해 진행될 수밖에 없다. 특히 견고한 유리스틱과 다수의 추종자들을 확보함으로써 비단 과학사회뿐만 아니라 범사회적으로 권위와 영향력을 견지하고 있는 "강한 과학strong science" 혹은 "거대과학big science"[59]은 연구대상을 유리스틱(패러다임) 속에 "억지로 구겨 넣기" 때문에(Kuhn 1970, 24) 모형의 불확정성을 확정성으로, 이야기를 실존으로, 주장을 사실로 받아들이도록 지속적으로 강요한다.

이렇게 볼 때 서술과 해석의 획일화를 유도하는 모형, 견고한 모형, 경직된 '시계모형'은 과학패권scientific hegemony의 소산일 따름이다. 과학패권은 지식의 다양한 함의를 폐쇄함으로써 과학의 진보를 가로막

[59] 예컨대 쿤이 말한 "정상과학(normal science)". "강한 과학"의 형성과 정치적 역동에 관해서는 김웅진(2009); Fuller(2000) 참조.

는 가장 높은 장벽이 된다. 과학행위는 본질적으로 인간에게 허락된 창조적 인식의 극대화를 통해 삶의 자유로운 지평과 공간을 확장하는 작업이기 때문이다. 따라서 "강한 과학"의 분석규준을 무비판적으로 수용한 모형은 해석과 편집의 다양성이 보장될 수 있도록 이완될 경우에 한해 본연의 과학성을 회복할 수 있다. 이야기의 유연한 방식과 경로, 곧 '유연한 모형plastic model'만이 과학적 자유, 더 나아가 과학적 진보의 추동성을 획득하게 된다.

유리스틱의 분석규준을 위배하여 논리적 결함에 빠진 모형은 있으나 '틀린 모형'은 애당초 존재하지 않는다. 모든 모형은 현실세계를 예측하지 않기 때문이다. 모형은 단지 과학자의 고유한 인식과 유리스틱의 이론적·방법론적 전제에 따른 가능성과 기대를 예시할 뿐이다. 이러한 기대는 비록 현실세계와의 상호조응성을 상실한다 해도 과학적 가치를 상실하지 않는다. 왜냐하면 사회가 갖추어야 할, 혹은 갖출 수 있는 다양한 모습에 대한 기대와 희망은 그 자체로서 과학행위의 지침이 되기 때문이다.

요컨대 모형은 특정한 현실세계의 잠재적 도래가능성을 가늠한다. 따라서 경직된 시계모형을 통해 '서로 다른 세상'에서 살고 있는 과학자들을 '모두 같은 세상'으로 몰아넣는 것은 그들을 유리스틱의 수인囚人, 곧 창조성을 모두 상실한 채 획일화된 지식을 반복적으로 생산하는 단순조립공으로 만드는 것과 마찬가지이다. 유리스틱, 그리고 그에 따른 시계모형에 대한 회의를 끊임없이 권고하는 과학체계 만이 진정한 과학성을 확보할 수 있으며, 그럼으로써 "고조의 희생자a victim of indoctrination"(Popper 1970, 53)가 된 과학자들에게 "인지습성habits of mind"[60]을 벗어날 수 있는 길을 보여준다.

60 유리스틱의 과학적 타당성과 적실성에 대한 "견고히 구축된 무의식적 호응(entrenched responses that ordinarily occur without conscious attention)". Margolis(1993), 7-8 참조.

□ 참고문헌

• 우리말 문헌

김웅진. 2009. 『과학패권과 과학 민주주의』. 서울: 서강대학교출판부.

김웅진·김지희. 2005. 『정치학 연구방법론: 경험과학연구의 규준과 설계』. 서울: 명지사.

김홍규. 2002. 『사회과학통계분석, SPSS for Windows』. 서울: 나남출판.

송지준. 2009. 『SPSS AMOS 통계분석방법』. 파주: 21세기사.

배병렬. 2006. 『LISREL 구조방정식모델』. 서울: 청람.

정필권. 1995. 『경제수학』. 서울: 법문사.

D. Gujarati [안충영·홍성표·박완규 역]. 2000. 『기초계량경제학』. 서울: 진영사.

• 외국어 문헌

Achen, C. 1982. *Interpreting and Using Regression*. Beverly Hills, Cal.: Sage.

Almond, G. and Genco, S. 1977. "Clouds, Clocks, and the Study of Politics." *World Politics* 29:4, 489-521.

Almond, A. and Powell, G. 1978. *Comparative Politics: Systems, Process and Policy*. Boston, Mass.: Little, Brown.

Asher, H. 1976. *Causal Modeling*. Beverly Hills, Cal.: Sage.

Blalock, H. 1964. *Causal Inferences in Nonexperimental Research*. Chapel Hill, N.C.: University of North Carolina Press.

______. 1972. *Social Statistics*. New York, N.Y.: McGraw-Hill.

Borooah, V. 2002. *LOGIT and PROBIT, Ordered and Multinomial Models*.

Thousand Oaks, Cal.: Sage.

Boynton, G. 1982. "On Getting from Here to There: Reflections on Two Paragraphs and Other Things," in E. Ostrom, ed. *Strategies for Political Inquiry*, 29-68. Beverly Hills, Cal.: Sage

Brewer, M. 2004. "Internal Validity," in M. Lewis-Beck, A. Bryman, and T. Liao, eds. *The Sage Encyclopedia of Social Science Methods* Vol. 2, 502-504. Thousand Oaks, Cal.: Sage.

Brodbeck, M. 1967. "Models, Meaning, and Theories," in M. Brodbeck, ed. *Readings in the Philosophy of the Social Sciences*. London: Macmillan.

Bunge, M. 1959. *Causality*. Cambridge, Mass.: Harvard University Press.

Cook, T. and Campbell, D. 1979. *Quasi-experimentation: Design and Analysis Issues for Field Settings*. Chicago, Ill.: Rand McNally.

Davis, J. 1985. *The Logic of Causal Order*. Newbury Park, Cal.: Sage.

Fuller, S. 2000. *The Governance of Science*. Buckingham and Philadelphia: Open University Press.

Hage, J. and Meeker, B. 1988. *Social Causality*. Boston, Mass.: Unwin Hyman.

Hardy, M. and Bryman, A., eds. 2004. *Handbook of Data Analysis*. London · Thousand Oaks · New Delhi: Sage.

Heise, D. *Causal Analysis*. New York, N.Y.: John Wiley & Sons.

Hempel, C. 1966. *Aspects of Scientific Explanations and Other Essays in the Philosophy of Science*. New York, N.Y.: Free Press.

Hoyningen-Heune, P. 1993. *Restructuring Scientific Revolutions, Thomas Kuhn's Philosophy of Science*. Chicago, Ill.: University of Chicago Press.

James, L., Mulaik, S., and Brett, J. 1982. *Causal Analysis, Assumptions,*

Models, and Data. Beverly Hills, Cal.: Sage.

Kaplan, A. 1998. *The Conduct of Inquiry, Methodology for Behavioral Science*. New Brunswick, N.J.: Transaction Publishers.

Kaplan, D., ed. 2004. *The Sage Handbook of Quantitative Methodology for the Social Sciences*. London · Thousand Oaks · New Deli: Sage

Keat, R. and Urry, J. 1982. *Social Theory as Science*. London: Routledge & Kegan Paul.

Kleinbaum, D. and Kupper, L. 1978. *Applied Regression Analysis and Other Multivariate Methods*. Scituate, Mass.: Duxbury Press.

Kuhn, T. 1970. *The Structure of Scientific Revolutions*. Chicago, Ill. University of Chicago Press.

Lakatos, I. 1986. *The Methodology of Scientific Research Programme*. London: Cambridge University Press.

Lewis-Beck, M. 1980. *Applied Regression, An Introduction*. Beverly Hills, Cal.: Sage.

Margolis, H. 1993. *Paradigms and Barriers, How Habits of Mind Govern Scientific Beliefs*. Chicago, Ill.: University of Chicago Press.

Nachmias, C. and Nachmias, D. 1996. *Research Methods in the Social Sciences*. New York, N.Y.: St. Martin's.

Nagel, E. 1979. *The Structure of Science, Problems in the Logic of Scientific Explanation*. London and Henley: Routledge & Kegan Paul.

Namboodiri, N., Carter, L. Blalock, H. 1975. *Applied Multivariate Analysis and Experimental Designs*. New York, N.Y.: McGraw-Hill.

McGaw, D. and Watson, G. 1976. *Political and Social Inquiry*. New York: N.Y.: John Wiley & Sons.

Popper, K. 1970. "Normal Science and Its Dangers," in I. Lakatos and A. Musgrave, eds. *Criticism and the Growth of Knowledge*.

Cambridge: Cambridge University Press.

______. 1989. *Objective Knowledge, An Evolutionary Approach*. Oxford: Clarendon Press.

______. 1999. *The Logic of Scientific Discovery*. London and New York: Routledge.

Shipan, C. 2004. "Model," in M. Lewis-Beck, A. Bryman, and T. Liao, eds. *The Sage Encyclopedia of Social Science Methods* Vol. 2, 655-656. Thousand Oaks, Cal.: Sage.

□ 색인

(ㄹ)

(ㅁ)

(ㅂ)

(ㅅ)

(ㅇ)

(ㅈ)

(ㅎ)

김웅진(金雄鎭)

- 한국외국어대학교 정치외교학과 졸업
- 미국 University of Cincinnati 정치학 박사
- 전공분야: 정치학연구방법론, 사회과학철학

- 현 한국외국어대학교 정치외교학과 교수
  비교민주주의연구센터 소장
- 영국 University of Exeter 정치학과 Leverhulme Fellow
  한국정치학회 연구이사 및 편집이사
  한국국제정치학회 출판이사
  비교민주주의학회 회장
  한국외국어대학교 사회과학대학 학장 역임

- 주요저서:
  『과학패권과 과학 민주주의』(서강대학교출판부, 2009)
  『정치학연구방법론』(명지사, 2005)
  『비교지역연구전략』(인간사랑, 2003)
  『신화와 성화: 과학방법론의 패권정치』(전예원, 2001)
  외 다수

인과모형의 설계: 사회과학적 접근

Causal Modeling in the Social Sciences

초판 인쇄 2011년 8월 10일
초판 발행 2011년 8월 20일

저 자 ▪ 김웅진
펴낸이 ▪ 박 철
펴낸곳 ▪ 한국외국어대학교 출판부
130-791 서울특별시 동대문구 이문동 270
전화 02)2173-2495, 2496
FAX 02)2173-3363
홈페이지 http://press.hufs.ac.kr
전자우편 press@hufs.ac.kr
출판등록 제6-6호(1969. 4. 30)
편집 · 디자인 ▪ (주)이환디앤비 02)2254-4301
인쇄 · 제본 ▪ SM C&P 02)468-6100

ISBN 978-89-7464-681-3 93300 정가 12,000원